广东省虚拟现实产业趋势发展和政策分析
(2020)

陈金德 主编

北京理工大学出版社
BEIJING INSTITUTE OF TECHNOLOGY PRESS

版权专有 侵权必究

图书在版编目（CIP）数据

广东省虚拟现实产业趋势发展和政策分析 . 2020 / 陈金德主编 . --北京：北京理工大学出版社，2021.8
 ISBN 978-7-5763-0191-5

Ⅰ.①广⋯ Ⅱ.①陈⋯ Ⅲ.①虚拟现实-产业发展-研究报告-广东-2020 Ⅳ.①F492.3

中国版本图书馆 CIP 数据核字（2021）第 166131 号

出版发行 /	北京理工大学出版社有限责任公司
社　　址 /	北京市海淀区中关村南大街 5 号
邮　　编 /	100081
电　　话 /	（010）68914775（总编室）
	（010）82562903（教材售后服务热线）
	（010）68944723（其他图书服务热线）
网　　址 /	http：//www.bitpress.com.cn
经　　销 /	全国各地新华书店
印　　刷 /	唐山富达印务有限公司
开　　本 /	787 毫米 × 1092 毫米　1/16
印　　张 /	14
字　　数 /	295 千字
版　　次 /	2021 年 8 月第 1 版　2021 年 8 月第 1 次印刷
定　　价 /	89.00 元
责任编辑 /	江　立
文案编辑 /	江　立
责任校对 /	周瑞红
责任印制 /	施胜娟

图书出现印装质量问题，请拨打售后服务热线，本社负责调换

编制及版权声明

2021年政府工作报告指出，"加快数字化发展，打造数字经济新优势，协同推进数字产业化和产业数字化转型，加快数字社会建设步伐，提高数字政府建设水平，营造良好数字生态，建设数字中国。""数字"成为高频词。虚拟现实作为计算机应用技术，是近几年我国大力发展的数字化产业之一。"十四五"将是虚拟现实产业发展关键期，亟待激发经济新动能。

为推动虚拟现实产业四链融合，完善虚拟现实产业发展形态，广东省虚拟现实产业技术创新联盟联合相关高校及企业专家，重点调研了116家广东省内虚拟现实从业企业，总结分析了2020年省内虚拟现实产业的发展情况和突出特点，梳理出目前阻碍产业创新进展的核心问题，同时有针对性地提出了若干措施和建议，形成了2020年度产业发展报告，供相关企业和管理部门参考。如有商榷之处，欢迎批评指正。

本报告版权属于广东省虚拟现实产业技术创新联盟。转载、摘编或利用其他方式使用本报告文字或者观点，应注明"来源：广东省虚拟现实产业技术创新联盟"。对违反上述声明者，广东省虚拟现实产业技术创新联盟将追究其相关法律责任。

编 委 会

主　编：陈金德
副主编：战荫伟　何汉武　黄昌正　陈振权
　　　　陈　曦　陈邦平
编　委：王立群　　邱寒青　　吴冠南　　周智恒
　　　　周言明　　高博宇　　李　梅　　莫建清
　　　　陈　锋　　戴亨钺　　陈　承　　杨理芳
　　　　殷建文　　秦华军　　陈彩婷　　戴一鸣
　　　　吴　夕　　黄庆麟　　谢宇康　　高甘玲
　　　　伍蔼萍　　吴宇浩　　李茵茵　　孙秀婷
　　　　黄鹤飞　　黄景浩　　邓炜科　　蔡桦林
　　　　王权华　　梁　轩　　孔　胜　　吴敏儿
　　　　陈　童　　刘玉珊　　卢子健　　沈俊羽

致 谢

本报告由广东省生产力促进中心牵头组织撰写，由广东省虚拟现实产业技术创新联盟、广州幻境科技有限公司、广州卓远虚拟现实科技有限公司、广州博士信息技术研究院有限公司、广州市大湾区虚拟现实研究院、广州欧科信息技术股份有限公司、广州增强信息科技有限公司、广东工业大学、华南理工大学、暨南大学、广东工贸职业技术学院、广东农工商职业技术学院等单位联合撰写。

在编写过程中，有关内容得到了中国虚拟现实产业技术创新联盟有关专家的指导，也得到了深圳纳德光学有限公司、深圳市瑞立视多媒体科技有限公司、广州上古科技有限公司、视境技术（深圳）有限公司、广州市影擎电子科技有限公司、天度（厦门）科技股份有限公司、北京冰河世界科技有限公司、沈阳劳谦科技有限公司、广州壹传诚信息科技有限公司、深圳思谋信息科技有限公司、深圳点指互动信息科技有限公司、三极光电科技（苏州）有限公司、广州艾迪普设计有限公司、珠海虎江科技有限公司、上海返景科技有限公司、广州和易控股有限公司等企业的专业支持。

在此特致谢意！

目 录

第1章 概述 ………………………………………………………………………（ 1 ）

第2章 虚拟现实技术前沿 ………………………………………………………（ 5 ）

    2.1 虚拟/增强现实学科基础 …………………………………………………（ 7 ）

    2.2 基础研究前沿 ……………………………………………………………（ 8 ）

    2.3 应用基础研究与软硬件产品 ……………………………………………（ 20 ）

    2.4 广东省在前沿研究中的探索 ……………………………………………（ 25 ）

    2.5 问题分析与对策 …………………………………………………………（ 28 ）

第3章 虚拟现实产业发展现状 …………………………………………………（ 29 ）

    3.1 省内虚拟现实企业产业分布情况 ………………………………………（ 31 ）

    3.2 虚拟现实企业发展 ………………………………………………………（ 33 ）

    3.3 省内虚拟现实企业产值情况 ……………………………………………（ 41 ）

    3.4 省内虚拟现实技术分布 …………………………………………………（ 42 ）

    3.5 省内虚拟现实产品分布 …………………………………………………（ 46 ）

    3.6 省内虚拟现实应用发展情况 ……………………………………………（ 47 ）

    3.7 增强现实AR产业链图谱 ………………………………………………（ 53 ）

    3.8 增强现实AR演进预测 …………………………………………………（ 60 ）

第4章 产业人才状况及人才培养与培训 ………………………………………（ 61 ）

    4.1 虚拟现实产业从业现状 …………………………………………………（ 63 ）

    4.2 虚拟现实产业岗位人才需求 ……………………………………………（ 67 ）

    4.3 虚拟现实专业人才培养情况 ……………………………………………（ 70 ）

第5章	虚拟现实产业链基础技术研究与建设	（73）
5.1	虚拟现实基础软硬件技术	（75）
5.2	虚拟现实技术发展路线图	（85）
5.3	增强现实软硬件技术发展路线图	（94）

第6章	虚拟现实知识产权发展情况	（97）
6.1	总体趋势	（99）
6.2	技术构成	（100）
6.3	省市分布	（102）
6.4	地市分布	（103）
6.5	技术功效	（104）
6.6	申请人排名	（105）
6.7	重点申请人	（106）
6.8	小结	（110）

第7章	虚拟现实标准化建设	（111）
7.1	国际标准化建设情况	（113）
7.2	国内标准化情况	（115）
7.3	存在的问题	（122）
7.4	措施建议	（123）

第8章	产业政策分析	（125）
8.1	国家指导政策分析	（127）
8.2	广东省及其他重点省市政策分析与政策建议	（129）
8.3	政策建议	（132）

第9章	投融资分析	（135）
9.1	2020年全球VR/AR融资并购概况	（137）
9.2	2020年中国VR/AR融资并购概况	（140）
9.3	2020年VR行业企业投融资案例	（142）
9.4	投融资建议	（144）

第10章	产业趋势分析	（145）
10.1	全球虚拟现实行业的四个发展阶段	（147）

10.2 全球虚拟现实市场规模 ……………………………………………… (148)

10.3 中国 VR 产业市场规模 ………………………………………………… (150)

10.4 未来发展趋势分析 ……………………………………………………… (152)

10.5 下一轮爆发预测 ………………………………………………………… (153)

第 11 章 问题、机遇与建议 ……………………………………………………… (155)

11.1 问题分析 ………………………………………………………………… (157)

11.2 建议 ……………………………………………………………………… (160)

附件一 国际专利分类表（IPC 表）……………………………………………… (161)

附件二 虚拟现实标准制修订情况 ……………………………………………… (163)

附件三 国家指导性虚拟现实相关政策文件 …………………………………… (173)

附件四 各省市虚拟现实相关政策文件 ………………………………………… (177)

广东省虚拟现实产业技术创新联盟主要单位和典型产品 …………………………… (191)

第 1 章

概　　述

虚拟现实技术是以计算机技术为核心、以光电传感技术为支撑，创建融视、听、触于一体的虚拟环境的综合技术，用户借助特定的呈现和交互装备（动作采集、空间定位、力反馈输入、数字头盔、立体显示等），就可以自然地与虚拟世界中的客体进行实时逼真的交互，从而产生亲临现场的感受和体验。虚拟现实技术的特点是沉浸感、交互性、想象性。

自 2016 年（虚拟现实元年）以来，虚拟现实技术和应用得到了长足的发展。数字经济时代，新型显示、多模态交互、人工智能、数字孪生逐渐深度融合，为虚拟现实在多个领域赋能。以 5G 为代表的新基建的推进，更使虚拟现实的作用日益凸显。

广东省一直处在我国虚拟现实技术和应用领域的前列，产业链逐渐完善并已形成一定的产业集聚效应，一些典型的技术和产品在国际上也有一定优势。经过近五年的探索和培育，虚拟现实应用已经展示出良好的市场前景，成为新的经济增长点。

随着技术和应用的发展，虚拟现实（Virtual Reality，VR）这一概念已经衍生出增强现实（Augmented Reality，AR）和混合现实（Mixed Reality，MR）等相关术语。学术界愿意在广义上把这些概念均纳入虚拟现实的范畴；Milgram 建立了一个从纯实到纯虚的连续统，其上的一点表明虚实融合的程度，增强现实就是将虚景融入实景。而产业界根据自身的发展定位，对这些概念有明确的界定，将三者并列处理，即对虚拟现实取其狭义的内涵。

为方便表达虚拟现实这一术语，在读者不会引起歧义的前提下，在本报告中我们会根据上下文采用其广义或狭义的内涵。

本报告共分 11 章。

第 2 章介绍虚拟现实技术前沿。在硬件上，新型显示一直是虚拟现实的基础性关键技术。而建模、渲染、交互则是虚拟现实内容上的关键技术，人工智能不断渗入其中并发挥重要作用。这一章将对作为热点领域的增强现实，进行独立阐述。

第 3 章盘点和分析虚拟现实产业发展现状，对广东省虚拟现实产业链构成情况进行分析，从虚拟现实产业链的五个部分以及产业链上游、中游和下游进行阐述。为突出广东省的情况，也适当与国内和国际情况进行横向对比。

第 4 章对虚拟现实领域的人才需求现状进行分析。

第 5 章介绍广东省虚拟现实基础技术研究与建设。从虚拟现实系统的流水线所设计的技术软件、硬件、开发工具、方法论、引擎、云服务等方面，盘点相关的技术和产品与服务，体现优势和短板。

作为新兴产业，虚拟现实领域的知识产权发展和标准化建设尤为重要。对此，第 6 章和第 7 章分别对知识产权和标准化建设进行分析。

虚拟现实技术和应用的发展，离不开政府在政策和资金上的支持。第 8 章盘点 2020 年度广东省对虚拟现实政策要点和资金支持情况。

第 9 章对虚拟现实领域的投融资情况进行分析。

第 10 章对虚拟现实行业近两年产业趋势进行分析，以及对下一年进行行业预测。

第 11 章提出虚拟现实领域所面临的问题、机遇与建议。2020 年，全球经济普遍遭受疫情影响，虚拟现实领域也不例外。但是，面对疫情，线上教育、直播购物、远程会议等数字经济产业却获得了新的机遇，催生出一些新的模式和成功的案例。

在报告的最后，我们选编了一组 2020 年广东省虚拟现实应用典型产品。

第 2 章

虚拟现实技术前沿

自图灵奖得主 Ivan Sutherland 奠基虚拟现实理论以来，经过近 60 年的探索和实践，虚拟现实理论不断成熟，应用领域不断拓展。从简单场景到大规模场景，从低分辨率、低帧率渲染到实时逼真渲染，由简单的键鼠交互到自然的交互，由无沉浸感到深度沉浸感，虚拟现实相关技术和产品的迅猛发展，不断刷新人们的体验感和想象力。如今，虚拟现实已成为数字经济时代人们关注的前沿领域。

2.1 虚拟/增强现实学科基础

虚拟现实（VR）和增强现实（AR）是多学科交叉的研究领域，植根于数学、物理等基础学科，涉及计算机图形图像技术、计算机视觉、计算机网络、信号处理等学科，以及显示、传感和跟踪定位等核心技术领域，涉及场景建模、实时渲染、多感知交互、虚实融合以及内容传播等关键环节。

近年来，VR/AR 与 5G、人工智能、大数据、云计算等前沿技术不断融合创新发展。一方面，人工智能提升了智能对象行为的社会性、多样性、逼真度、自然的交互性，云计算则大幅降低了对终端的续航、体积和存储能力的要求，有效降低了终端成本和对计算机硬件的依赖性；另一方面，这些前沿技术的融合也带来了新的科学和应用问题。

2.2 基础研究前沿

2.2.1 开放性问题

在 VR 和 AR 领域，目前仍然存在一些尚待解决的核心基础问题，主要包括以下几个方面：

1. 大规模场景下的实时真实感渲染问题

涉及基于物理的材质模型创建、更加符合物理规律的高效光线传输过程模拟，以及基于全局光照模型的并行绘制与降噪等问题。

2. 复杂的几何模型、物理模型、生理模型和行为模型的创建问题

建立可变拓扑几何模型和更为全面的物理模型，甚至建立可自我演化、具备一定"生命力"的智能模型，使 VR 系统不仅在视觉上有更全面的逼真表达，而且在功能和环境/事件的动态演化、活体对象行为的智能化方面也有较为逼真的体现，这是未来 VR 技术必须解决的关键问题。

3. 面向增强现实应用的大尺度复杂环境下的场景精确、快速重建问题

主要涉及复杂场景定位、重建与建模，包括同时定位与地图构建（SLAM）、场景几何与材质精确重建与数字化、实时高质量动态环境重建等。

4. 增强现实虚实内容无缝融合，尤其是室外大场景下的虚实融合问题

主要涉及视觉一致性驱动的高逼真度虚实融合，包括场景渲染参数估计、虚拟物体嵌入、凝视点渲染等。

5. 虚实空间协同感知与交互问题

主要涉及多通道智能化协同交互，包括基于眼球追踪的交互技术、虚实内容一致性交互、虚实空间共享协同交互等。

2.2.2 科学问题探索的前沿

限于篇幅，以下仅围绕视觉、触觉/力觉、听觉以及多模态融合技术进行探讨。而关于视觉技术相关的建模、渲染、多通道融合交互、虚实融合和显示以及跟踪定位是虚拟现实、增强现实的主要研究内容。

1. 视觉技术

1）复杂场景实时逼真渲染技术

高效的渲染和逼真的视觉呈现是一对矛盾关系。随着应用场景的复杂程度不断提高,为了保证虚拟现实对实时渲染的刚性需求,在计算资源一定的前提下,真实感通常作为被权衡的对象。但是,用户对细节真实感的需求越来越高。如何对现实中的材质表达得更加真实,对光线传递过程的模拟更加高效、更加符合物理规律,以及如何实现全局光照模型的并行绘制与降噪,成为渲染领域的重要研究热点。

（1）基于物理的材质建模

材质模型主要描述物体表面局部的光线反射属性,这是表达物体外观细节的重要元素,对材质的描述以及建模对真实感起着至关重要的作用。目前,学术界和产业界中最常用的材质模型是基于物理的微表面模型（图2-1）,对微表面模型的研究聚焦于更加符合物理规律的法向分布函数、能量守恒的多次散射模型以及更加符合真实外观的材质模型。

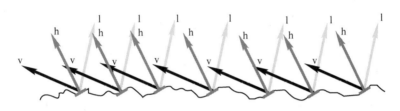

图2-1 微表面理论假设物体表面由很多朝向各异的微小表面组成

法向分布函数和几何遮挡函数是微表面模型的两个基本构成部分。法向分布函数是决定材质外观的主要因素,可表示为Beckmann模型、GGX模型和幂函数指数模型等。几何遮挡函数模拟微表面间的遮挡关系,常用来计算遮挡项的物理模型有Smith模型和V形槽（V-Cavity）方法。微表面模型能够精细模拟光的波动性,计算光在多层材质中的反射、折射和散射作用,刻画亮片与划痕等表面细节。表2-1列举了各类微表面模型的技术流派及其优缺点。

表2-1 微表面模型的技术流派及其优缺点

模型	技术流派	优点/缺点
衍射模型	Harvey-Shack衍射模型	将衍射现象表示为表面传递函数,忽略了与镜面反射部分如何结合以及波长依赖性等问题
	双尺度微表面反射模型	根据微表面尺度将微表面分为两个尺度,独立于波长的反射模型和依赖于波长的衍射模型
干涉模型	基于Airy求和法的薄膜干涉模型	在傅里叶空间中快速解析谱积分方程来计算薄膜彩虹效应产生的反射,从而达到高效的特点

续表

模型	技术流派	优点/缺点
多层材质模型	离散模型	对各向异性材质的支持,使表达材质的能力增强。局限性:建立在空间不变性的假设上;计算成本高
	解析模型	在性能上有了很大提升,甚至可以到达实时性能,不过是一种近似的方法,具有一定的局限性
	蒙特卡洛模型	可以得到无偏的结果;不需要进行繁重的预处理;渲染效率低
亮片和划痕材质模型	随机分布法	高质量模拟亮片效果;无法模拟划痕外观
	高分辨率法向贴图方法	可以高质量的模拟划痕等产生的衍射效果,但是时间成本通常较高

(2) 全局光照模型与实时渲染。

全局光照除考虑光源直接光照外,还须考虑经过场景中其他物体反弹之后的光照和自身的发光。全局光照求解的核心在于绘制方程。绘制方程具有全局性、递归性等特点,并且不存在解析解。常见的全局光照算法有蒙特卡洛法、光子映射、辐照度算法、多光源方法及基于点的全局光照算法等。

蒙特卡洛法是目前研究领域和产业界最重要的绘制方法。蒙特卡洛光线跟踪是通过从摄像机发射大量光线来模拟现实场景中的光线传播的一种算法,包含路径跟踪、光线跟踪、双向路径跟踪和 MLT（Metropolis Light Transport）等,这类算法内存消耗少,可以支持任意双向反射分布函数（BRDF）,具有无偏性、参数简单等优点,但是往往需要很长时间才会收敛。蒙特卡洛法渲染的图像质量和采样率成正比。采样率低会造成噪声严重,而采样率高则会提高计算成本。如何在较低采样率下得到较高图像质量是一个重要的研究方向,主要包括重要性采样和降噪方法等。路径指导方法是通过一定方式来获取场景中的更多信息,根据这些信息来指导重要性采样,从而减少噪声的一种方法。最近的研究通过引入各类学习方法,在路径空间或主采样空间中进行学习,从而指导重要性采样。另外,可利用梯度方法对低采样获得的含噪声图像的像素进行梯度重构,以获得无噪结果。

全局光照模拟光线在场景中传播的过程,对真实感渲染具有至关重要的作用。但是,为了满足实时渲染的需求,传统的虚拟现实渲染技术采用局部光照模型的光栅化框架完成。与全局光照方法相比,通常其渲染的质量较低。

2018 年,英伟达推出全球首款"支持实时光线追踪技术"的显卡 RTX,实现了基于混合渲染管线的实时光线追踪技术,能够实现复杂场景、以大于 60FPS 帧率实现 4K 分辨率的电影级图像的实时生成。Unity、Unreal Engine 等纷纷支持 RTX 光线追踪技术,实时光线追踪技术有望在未来 5~10 年内实现全面的应用。图 2-2 为利用路径追踪方法渲染的场景。

图 2-2　利用路径追踪方法渲染的场景

2）实时、自然的人机交互技术

近年来，人机交互领域的研究聚焦于交互的自然性、精确性、智能化、协同交互和多感官通道一致性等方向。

交互的自然性要求用户的交互行为与其生理和认知的习惯相吻合。凭借各类传感装置采集人体数据（如声音、肢体、手势、眼球、肌电、脑信号等），并进一步对数据信号进行处理，通常包括分割、特征提取和分类，在此基础上识别用户的交互意图，并转换为最终的交互指令。

手势识别是将模型参数空间里的轨迹（或点）分类到该空间里某个子集的过程，其包括静态手势识别和动态手势识别，动态手势识别最终可转化为静态手势识别。从手势识别的技术实现来看，常见的手势识别方法主要有模板匹配法、神经网络法和隐马尔可夫模型法。

姿势识别可以归结为一种时变数据的分类问题，所以研究身体姿势识别的实质就是研究如何从样本中学习获取一组典型的身体姿势的参考序列。对身体姿势进行识别，常用的算法有三类：一是基于模板匹配的身体姿势识别方法；二是基于状态空间的身体姿势识别方法；三是基于语义描述的身体姿势识别方法。

基于眼动跟踪的人机交互研究，首先需要对眼动行为进行特征分析与参数化，常用的参数包括注视点数目、注视点持续时间、眼跳长度及其派生的其他各种度量参数。在此基础上利用各种参数实现基于数据驱动的行为分析和交互控制。近年来，人工智能被引入眼动跟踪领域，以提高眼动计算的精度和效率。相关的研究包括：基于群智感知的眼动计算与分析、基于大数据学习的眼动跟踪、眼动数据与脑电数据融合的智能交互等。

交互包含了输入和输出两个方面。在输入端，多模态交互模式（以语音、手势、触摸和凝视等不同形式的输入组合）向用户提供与计算设备进行交互的多种选择方式，成为人机交互研究的一个活跃领域。在输出端，视觉、听觉、触力觉、温感等多感官通道的一致性体验也在蓬勃发展中。

交互的自然性、实时性、识别准确率与鲁棒性是影响正确交互和良好体验的几大重要因素。如何精准分析用户意图并与场景智能理解结合、虚实内容视觉一致性交互,以及多人/异地协作增强现实场景中对共享真实场景和虚拟内容进行增强等方面,有待进一步研究。此外,自然性、准确率与鲁棒性往往与实时性要求存在矛盾关系,如何提高计算单元的运算性能,并且能够保持一定的移动性和较低的价格是行业面临的一个重要问题。

3) 视觉一致性驱动的高逼真虚实融合技术

面向增强现实的内容生成主要涉及视觉一致性驱动的高逼真度虚实融合,包括场景渲染参数估计、虚拟物体嵌入、凝视点渲染等。

高逼真度虚实内容融合直接影响增强现实的应用效果。其中,光学效果一致性是指虚拟对象的阴影、高光等光学效果应与环境保持一致,通过预先计算真实场景的光照模型,然后再计算出光照对虚拟对象的影响,如明暗、阴影、反射等。可以从图像或视频中估计场景的光照信息、相机成像质量等渲染参数,结合场景几何信息,实现高逼真度的虚拟物体嵌入。

自然场景的准确光照估计是高逼真度渲染的基础。光照估计的方法可以分为四种:基于标志物阴影分析法、基于标志物表面图像估计光照法、借助辅助拍摄设备的方法、无须辅助物的图像分析方法。表2-2列举了这四种方法的优缺点、渲染方式和实时性。

表2-2 AR光照估计方法比较

方法	优点	缺点	渲染方式	实时性
基于标志物阴影分析	基于光线传播规律,较容易实现	必须使用标志物,阴影提取受环境影响,相机视角受限制	阴影映射等	非实时/实时
基于标志物表面图像估计光照	易于提取图像信息,IBL方式合成图像效果逼真	必须使用标志物,有视点限制,预处理操作较多	阴影映射、环境映射、差分渲染等	近实时/实时
借助辅助拍摄设备	提供额外深度、光场等信息,有利于光照计算	使用辅助拍摄设备会增加硬件成本和系统结构的复杂性	立即辐射度光线追踪、差分渲染等	近实时/实时
无须辅助物图像分析	无须额外硬件	算法复杂,难以实时实现,限制条件多	阴影映射、环境映射、差分渲染等	非实时/近实时

渲染参数的估计主要依赖于场景的光照信息、物体材质信息和场景几何信息。其中物体材质信息已知,场景几何信息的恢复基于本项目中场景内几何与材质的同步精确重建的方法来完成。可以采用多种光源复合的光照模型,在已知物体材质和几何的情况下完成精

确的光照参数估计。通过大量合成或真实数据对神经网络进行训练，以得到从输入图片或视频到其光照参数估计的映射。

4）近眼显示技术

近眼显示器是一种位于人眼附近、由光学系统放大形成大视场的微显示器，广泛应用于 VR/AR 等穿戴式近眼显示场景。

近眼显示系统的成像模组由镜头、传感器、数字化 CV 算法和 LCD/LED 显示器四部分组成。成像模组根据 AR 光学技术出现的时期可划分为离轴光学、棱镜光学、自由曲面棱镜、光波导和光场技术等五代，表 2-3 为各代光学呈像技术在原理、厚度、视场角和优缺点等方面的对比。

表 2-3 五代光学成像技术对比

光学方案	原理	厚度	视场角	优点	缺点
离轴光学	自由曲面设计加上偏振分光器简化而成	头盔式	>70°	视场角大，成本低	体积较大/无法多任务处理
棱镜光学	棱镜把显示器产生的光从眼镜框反射入眼，同时让现实世界的光透进来	>10mm	15°~20°	易产生叠加感，体积小	光能利用率低/画面暗/镜片厚/成本高/良率低
自由曲面棱镜	经过精密计算把偏振分光器表面和分光膜层做成弯曲，最大程度地利用每个分光效果	>8mm	30°~40°	成像质量清晰，能扩大显示范围	镜片体积较大，需要匹配不同人眼的瞳距
光波导	利用光线在镜片内的全反射，实现光线横向传输的同时减少对镜片厚度的要求，再根据光线选择处理手段（偏振分光膜和光栅）	超薄	40°~60°	镜片轻薄/图像还原度高	光波导全息存在色散和图像颜色失真问题，成本高
光场技术	通过改变纤维在三维空间中的形状，控制激光射出方向，直接投射到视网膜	超薄	未知	具有更好的运动视差和遮挡效果	存在分辨率下降和辐辏—调焦冲突等问题，功耗较高、成本昂贵

当前，对各类近眼显示技术的研究方兴未艾，高角分辨率、广视场角、可变焦显示成为核心发展方向。高性能 LCD 与 OLED 技术保持虚拟现实近眼显示主导地位，可变焦显示与光波导有望在五年左右成为主流。但是，光波导技术中各类技术路线间存在明显的优势和短板。多种光场显示技术方案停留在实验室阶段，其技术路径和配套设备存在大量研发

瓶颈,中近期均无法量产普及。基于全息光学的三维显示系统紧凑、没有串扰和深度反转、不存在机械运动部分。将全息与近眼显示相结合,只对眼睛的视场里显示相应的信息,可以提高光学重建和减少计算的负担,提高信息的利用率。但是当前VR/AR解决方案大多处于原型设计阶段,尚需攻克两大难题,即全息图快速生成和显示系统的空间带宽积扩展。

5) 面向增强现实的复杂场景的精确、快速定位与重建

图2-3为增强现实技术路线。增强现实的场景建模技术是重要组成部分,主要涉及复杂场景定位、重建与建模,包括同时定位与地图构建、场景几何与材质精确重建与数字化、实时高质量动态环境重建等。

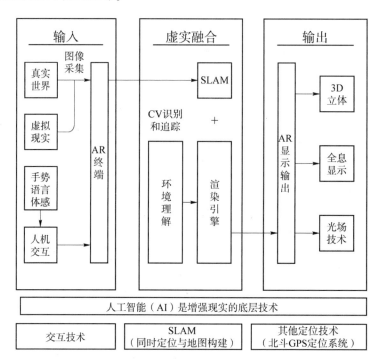

图2-3 增强现实技术路线

(1) SLAM技术。

SLAM技术是场景重建的一个重要基础,通过SLAM技术,同时实现相机的位姿计算和场景信息重建。视觉SLAM因为无须预先布置场景、适用范围广和硬件成本低廉等优点受到广泛关注。目前,视觉SLAM技术已经有了较为成熟的框架,由前端(视觉里程计)、后端(位姿优化)、闭环检测和建图四个环节组成。已有研究提出了许多支持不同传感器的技术方案,可以实现稀疏重建的PTAM、ORB-SLAM,半稠密重建的LSD-SLAM、SVO,稠密重建的RGBD-SLAM等,如表2-4所示。其中,前端处理可分为需要提取特征的方法和不需要计算特征的直接法,后端方法又分为基于滤波与基于图优化的方法。图2-4为基于特征法和直接法的前端处理框架。

表2-4 典型的视觉SLAM技术方案

vSLAM	典型方案	支持传感器
稀疏vSLAM	MonoSLAM	单目
	PTAM	单目
	ORB-SLAM	单目、立体和RGB-D
	OpenvSLAM	单目、立体、RGB-D、透视、鱼眼等
半稠密vSLAM	LSD-SLAM	单目
	SVO	单目
	DSO	单目
	EVO	事件相机
稠密vSLAM	DTAM	单目
	Kinect Fusion	RGB-D
	RGBD-SLAM-V2	RGB-D
	RTAB-MAP	RGB-D
	Elastic Fusion	RGB-D

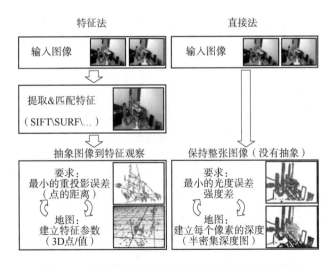

图2-4 基于特征法和基于直接法的前端处理框架

尽管上述视觉SLAM方法在多个领域得到了良好的应用，但仍然受到光照条件、高动态环境、快速运动、剧烈旋转和低纹理环境等因素的影响，导致精度和稳定性不能满足要求。另外，对于非常大尺度的场景，如城市级场景，SLAM的计算复杂度会非常高，难以保证实时性。

针对大规模场景，尤其是室外复杂场景的实时、精确建模，仍将是今后的研究重点。如何平衡实时性和准确性是一个重要的开放性问题。动态、非结构化、复杂、不确定和大规模环境的解决方案有待探索。研究基于多光照条件影像数据的场景表达和视觉定位技术，利用深度学习的超强表征能力将视觉信息和多传感信息融合，实现复杂环境下的鲁棒全局重定位。通过融合单/多目相机、深度相机和惯性传感器（Inertial Measurement Unit, IMU）等多种传感器以及云—端结合的高精度同时定位与地图构建技术，并结合特征点、边和平面等多元视觉信息，实现大尺度室内相机鲁棒实时跟踪和场景建模；引入深度学习技术对复杂场景进行理解和分析，对复杂场景进行多属性抽取与层级表达。

（2）材质重建。

除了场景的几何结构重建，物体的材质信息是提高场景真实感的重要组成部分。场景几何与材质信息的同步数字化可以提升重建后三维内容的真实感，同时也可以将场景数字化结果作用于增强现实应用的处理步骤简化。

目前，实现材质信息恢复的方法主要包括两类：一是使用专用的采集设备，直接捕捉目标表面的双向反射分布函数和物体表面的双向纹理函数（BTF）；二是使用光学摄像设备进行几何—材质同步重建。

直接捕捉法需要专用的设备和环境，采集操作所需时间长，捕获到的数据维度很高。采集数据的稀疏表示和降维处理能够提高处理效率，但是会丢失细节材质特征。近年来，深度神经网络被引入材质捕获领域，取得了系列成果，包括训练稀疏主动光照模式，对表面材质特性进行高效捕捉；用于估计表面反射特性的基于深度风格迁移和纹理合成的方法；利用深度神经网络对材质属性的各组分类型分别进行建模，实现实时的材质属性估计和分解。几何—材质同步重建法可以用低成本的光学摄像设备实现材质重建，但是要求待采集物体的几何形状已知。近年来的研究趋势同样是引入各类学习算法，实现物体几何形状、表面反射率和场景光照的同步估计、材质风格迁移等。

对材质信息重建的研究尚存诸多问题，未来的研究方向及发展趋势包括：利用海量无标注自然材质图像，结合少量合成及人工标注数据，实现基于深度神经网络可微分渲染器的材质估计，探索自监督神经网络训练方法，解决复杂多变材质高还原度重建问题；研究形状、材质与环境光照的解耦方法，探索基于几何变换的领域迁移，解决任意几何形状表面的材质数字化问题；研究场景材质在线学习与更新方法，探索高效交替优化和轻量级神经网络推理方案，解决三维场景几何形状与材质属性实时协同精确重建问题。

2. 触觉/力觉技术

在虚拟现实中，触觉/力觉技术主要体现在力触觉交互方面。图2-5显示的是力触觉交互系统的基本结构。其中接触力的产生方式包含依据力触觉模型计算和采集交互过程中的真实接触力两种。后者依据的是力触觉传感技术，是力触觉交互中的输入环节。而触觉/力觉显示技术（力触觉再现）是输出环节，其关键在于呈现力触觉的物理装置。

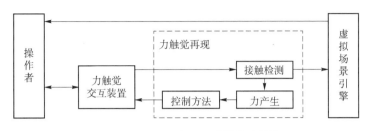

图 2-5　力触觉交互系统的基本结构

1）触觉/力觉传感技术

触觉/力觉传感技术解决的是力触觉交互的输入问题。在表现形式上，VR 力触觉传感器分为虚拟传感器和实体传感器两类。后者又可以分为点接触型触觉传感器、面接触型触觉传感器和滑觉传感器。

实体力触觉传感器实时响应交互过程中接触力的变化，采集接触力参数，并传送给计算单元进行处理。常用的接触力采集方法包括机械式、压阻式、压电式、电容式、电磁式、光纤式和生物信号式，其中，电容、压阻、压电和光电式简单经济，被广泛应用。光电式触觉传感器也可以用于间接测量接触状态。

全局检测、多维力检测，以及微型化、智能化和网络化是当前触觉传感器的发展趋势。全局触感的触觉传感器通常覆盖面积大，向柔顺型、可穿戴方向发展，以适应任意表面形状的表面特性检测和触觉测量。通过内置微处理器，触觉传感器能完成即时数据采集、处理和传输任务，促进未来朝自诊断、自校准和自测试等智能化方向发展。此外，多模感知也是触觉传感器的一个发展方向。

在性能指标方面，触觉传感器尚无统一标准。在工业应用中，触觉传感器应具有强度较好、重复性好、噪声低、迟滞小、鲁棒性好、不易受环境影响而损坏等特征。

2）触觉/力觉显示技术

触觉/力觉显示技术解决的是力触觉交互的输出问题，主要借助物理装置的方式将虚拟接触力呈现给用户。接触力的产生方式包括两种，一是利用传感器采集真实接触力，如遥操作应用；二是利用力触觉模型计算虚拟接触力。

虚拟对象的力触觉建模是力触觉再现技术中最为重要的环节，它本质上是一种基于物理约束的物体受力与变形模型。目前，力触觉建模研究中较多的是针对简单情况，对于物体受力触觉作用时的实时真实变形计算还存在诸多困难。此外，力触觉只有具有 1000Hz 以上的刷新率，才能满足光滑的力触觉感知需求。

力触觉再现装置从功能上可分为两大类：力反馈（Force Feedback）和触觉再现（Tactile Display）。触觉的感知，包含材料的质感、纹理感以及温度感等，目前能模拟的仅是一般的接触感即压感。力觉感知设备要求能反馈力的大小和方向，与触觉反馈装置相比，目前力觉反馈装置技术更加成熟。

力反馈装置主要包括力反馈数据手套、手控器、操纵杆等，表 2-5 对各类力反馈装置的优缺点进行了比较。手控器不仅可以跟从操作者的手臂运动，将人手的测量结果作为运动指令输入，而且可对其输出特定的力反馈。典型的产品包括 Force Dimension 公司的 Omega 和 Delta 系列，Geomagic 公司的 Touch 系列，Novint 公司的 Falcon 系列等。

表 2-5 力反馈装置的分类及其优缺点

分类		优点	缺点
机构类型	串联式	工作空间大、操作灵活	存在累积误差，精度较低，动态响应较差，系统刚度较低
	并联式	无累积误差，精度高，运动部件质量轻、速度快、动态响应好，结构紧凑、刚度高、承载能力大	工作空间小
输入输出特性	阻抗控制型	结构设计简单、造价低	作用力和工作空间较小
	导纳型设备	作用力较大，大空间	结构复杂，价格高

3. 听觉技术

听觉信息是人类仅次于视觉信息的第二传感通道，是增强 VR 沉浸感和交互性的重要途径。VR 中的听觉技术主要涉及语音交互技术和三维虚拟声场重建技术等。

语音识别技术是语音交互技术的核心，它本质上是一种模式匹配识别的过程，是机器通过识别和理解过程把语音信号转变成相应的文本文件或命令的技术。除了提高语音识别精度和反馈速度，智能情绪识别属于目前的另一个主要研究方向。

三维声场重建，也称三维音频、虚拟声、双耳音频、空间声等，它根据人耳对声音信号的感知特点，使用信号处理方法对到达两耳的声信号进行模拟，以重建复杂的三维虚拟空间声场。

三维声场重建主要依据头相关传输函数（HRTF）。HRTF 相当于一个频域滤波器，它模拟了声源发出的声音通过介质传播到人耳、被人耳感知的过程。HRTF 是一个关于声音频率和声音空间方位的函数，综合描述了人耳的耳廓、头部、躯干等人体形态学结构及物理声学环境对声音传播的影响。因此，HRTF 因人而异，是具有明显个性化特征的物理量。为解决个性化 HRTF 测量问题，已有的研究提出直接测量法和利用光学成像进行理论计算的方法。

除了考虑听者对声场的扰动特性，虚拟声学场景还考虑声源空间方位（方向和距离）信息和周围房间环境信息。三维声场重建需要对方向信息、距离信息和声场环境信息进行逼真的模拟。当前，模拟室内声场环境最有效且最直接的方法是测量室内的房间脉冲响应（RIR）和双耳房间脉冲响应（BRIR）。完整的 RIR 主要包含直达声、早期反射和后期混响，主要模拟算法可以分为三大类：基于物理特性的建模、基于感知特性的建模和两者混合的建模方法。基于物理特性混响模拟不利于实时系统运用，而基于感知特性混响模拟提高了计算速度，但不能很好地反映待模拟环境声学特性。因此，实际中常采用结合物理特性和感知特性的混合混响模拟方法，综合利用两者的优点。

4. 多模态融合技术

多模态交互包括视觉、听觉、嗅觉、触觉以及味觉等方面的感官交互。在输入端，多模态交互模式以语音、手势、触摸和凝视等不同形式的输入组合，向用户提供与计算设备进行交互的多种选择方式，成为人机交互研究的一个活跃领域。在输出端，视觉、听觉、力触觉、温感等多感官通道的一致性体验也在蓬勃发展中。多模态交互通常指的是输入端交互，而多感官通道交互处理的是输出端。

多模态交互的主要目标有两个：一是向用户提供与计算机进行交互的多种选择方式，以提高交互性和用户体验；二是准确判断用户的交互意图，消除交互歧义。多模态交互发挥了各个模态独特的优势，提升了交互的自然性和交互效率。在部分通道存在干扰时，利用模态之间的互补，可提高交互的精确性。

但是，多模态交互也带来了一些问题，包括计算复杂度提高、不同模态的一致性融合、多模态交互信息的互补和冗余等。与单通道相比，多模态交互可能大幅度增加了计算量，影响了计算的实时性，这个问题通常可以利用并行计算与优化资源调度相结合的方法来解决。然而，相同的交互行为在不同模态上下文中可能有不同的含义，这使系统难以给出准确的反馈。因此，不同模态之间交互信息的融合和交互模态之间的管理，是多模态交互的核心问题。

在面向 VR 应用的研究和实践中，当前多模态融合交互的关注点包括：在计算资源有限的情况下，如何实现多模态的交互感知数据的融合，以提升感知模块的精度；如何对任务进行合理的分配，并在不影响精度的情况下对交互感知任务进行计算优化，保证交互的实时性。引入深度学习算法解决多模态交互数据融合问题，研究基于深度学习模型的数据融合算法的计算优化框架。针对具体应用场景，研究不同的交互组合方式，如语音+手势、语音+眼球跟踪、手势+眼球跟踪、手势+生物特征测量等。

2.3 应用基础研究与软硬件产品

2.3.1 虚拟/增强现实硬件

完善的 VR/AR 应用系统需要一系列的硬件设备支撑,包括通用计算存储单元、专用的图形处理器、显示设备以及众多的交互设备。VR 和 AR 有着自身的特点和不同的需求,对设备的要求方面也存在一些差异。表 2-6 从分辨率、沉浸感、实用性和移动性等角度比较了它们的差异。

表 2-6 VR 设备与 AR 设备的比较

特性	VR 设备	AR 设备	对比
分辨率	视场角(FOV)可达 136°,2 560×1 440 像素	视场角(FOV)可达 60°,1 280×720 像素	VR 要求高
沉浸感	对延迟要求高,帧率达到 120FPS	实现位置追踪、低抖动	VR 要求高
实用性	需要配备高精度控制器,与主机、PC 和手机兼容	需要集成 CPU、GPU,支持语音和手势等输入	AR 要求高
移动性	非移动端需连接主机或 PC,较笨重	需要轻量化佩戴以及无线联网连接及电池续航	AR 要求高

中国信通院《虚拟(增强)现实白皮书》将 VR/AR 技术发展划分为五个阶段,从无沉浸(0 级)到完全沉浸(4 级),并判断目前处在部分沉浸(2 级)到深度沉浸(3 级)之间。这个分级对 AR/VR 的硬件设备提出了多维度的指标要求,包括近眼显示、网络传输、渲染处理和感知交互等。

从产品的形态上看,硬件产品包括相关的零部件、模组和整机产品。随着规模经济和模块化生产趋势的发展,VR/AR 零部件的生产日益精细化和专业化。其中,AR 零部件主要包括摄像头、光学器件、微投影器件、传感器和触觉设备等,模组主要包括 3D Sensing(摄像头模组+传感器模组)、处理器模组和成像模组。在 AR 整机产品方面,当前主要包括 AR 眼镜、车载 HUD(抬头显示)和 AR 手机。在未来,多感官可穿戴移动终端有望取代手机,成为人们与信息世界交流的主要通道。表 2-7 列举了 AR 关键零部件、模组和整机的主要生产商和品牌。

表2-7 AR关键零部件、模组与整机一览

硬件产品		生产商/品牌
关键零部件	摄像头	Apple、Intel、Sony、Microsoft、PMD、StereoLabs、大立光、玉晶光电、奥比中光、关东辰美、舜宇光学、联创电子
	光学器件	DigiLens、Lumus、耐德佳、苏大维格、灵犀微光、理鑫光学、珑璟光电、道明光学、歌尔股份、舜宇光学、WaveOptics、惠牛科技、理湃光晶
	微投影器件	Magic Leap、Apple、TI（德州仪器）、3M、Avegant、Micron、Himax、水晶光电、长江力伟
	传感器	Microsoft、Apple、Softkinetic（Sony）、Lumedyne（Google）、Leap Motion、TI、STMicro、Invensense、数码视讯
	触觉设备	HPI、卡耐基梅隆大学
模组	3DSensing	Microsoft、Google、Apple、Intel、Samsung、STM、TI、Infineon、Leap Motion、全新光电、图漾科技、舜宇光学、奥比中光、纵目科技
	处理器模组	Qualcomm、Intel、Samsung、IBM、AMD、NVIDIA、NXP、深鉴科技（Xilinx）、华为海思、紫光展锐、联发科、寒武纪、幻境科技、地平线、瑞芯微、晶晨
整机	AR眼镜	Magic Leap、Microsoft、Facebook、Sony、Samsung、CastAR、Epson、Vuzix、Lumus、Atheer、Innovega、影创科技、联想、亮风台、0glass、众景视界、枭龙科技、行云时空、创龙科技、奥图科技、易瞳科技、Rokid、OPPO、影目科技、Nreal、幻境科技
	车载HUD	Navdy、华阳、凌度、北京乐驾、深圳优助、北京小禾、深圳十八月、北京前海智云谷、深圳可可卓科
	AR手机	Apple、华为、联想

AR眼镜可分为分体式和一体式两类。表2-8从清晰度、视场角、稳定性、便携性与舒适度等方面对各类AR眼镜的优缺点进行了比较，并列举了目前各类AR眼镜的代表产品。

从表2-9中可以获知，与全球技术标准参数相比，现有的主流AR眼镜在续航时间、视场角、分辨率、质量、交互性和计算能力方面，都有一定的差距。分辨率、视场角偏小，产品体积或者质量过大，影响舒适性需求，需要提升光学组件制造工艺和光学技术。数据传输速率低、运算能力和电池续航能力不足，是制约移动性需求的几大因素，需升级无线协议、提升芯片性能或者普及5G网络，提升电池性能或发展快充技术。另外，今后尚需研发专用的AR操作系统，发展更加自然的人机交互技术，以提高交互性。

表2-8 AR眼镜分类及优缺点比较

分类		优点	缺点	代表产品
分体式	单目式	便于一线作业人员使用,不遮挡视线,设备轻便	可视面积较小	联想 Newglass、亮亮视野
	双目式	可视面积较大,受位移影响小,分体式设计巧妙,可分担头部重力	便携性较差,交互不方便,无法戴得稳定和持久	Epson BT-300、Sony Smartglass、亮风台 G2000glass RealX2、联想 New G2
	头箍式双目	具有良好的固定性,戴得稳,看得清	不便携,难以持久佩戴	Epson BT-2000
一体式	单目式	轻便、结构稳定、易于携带	棱镜聚焦困难,视场角小,受晃动影响大,影响视力	Google glass、Vuzix M 2000、奥图科技 CoolGlass ONE、众景视界 AlfaRealAR
	双目式	高清晰度、大视场角、佩戴稳定	质量比普通太阳镜大,难以长时间佩戴	ThirdEye X2、行云时空的简观 AR、影创 Jimo、联想 G1
	头箍式双目	具有良好的固定性,戴得稳,看得清	重力一般集中在额头,难以持久佩戴	HoloLens2、影创 Action One、ODG R9、DAQRI

表2-9 现有AR眼镜参数与全球技术标准对比

产品	续航/h	视觉	质量/g	界面交互	处理器
HoloLens2	2~3	FOV 52°（对角线）1 024×1 024 像素	566	Windows Holograpic OS（操作系统）,支持语音控制、手动跟踪和眼球追踪	高通骁龙 850 + 微软定制 HPU2.0
Magic Leap One	3	FOV 50°（对角线）1 024×1 024 像素	头显 400~500	自有 Lumin OS,支持眼球追踪、手势控制、语音交互、头部姿态	CPU：英伟达 Parker-SOC + GPU：英伟达帕斯卡 + 图形 API
影创 Action One	4	FOV 45° 1 280×720 像素	330	自主研发 3D 全息 Blue Cat OS,精确的手势识别、精准的空间定位	高通骁龙 835
Minglens 明镜	6	FOV 50° 1 920×1 080 像素	头显 80	支持 SLAM 定位,手势识别	高通 845

续表

产品	续航/h	视觉	质量/g	界面交互	处理器
Nreal light	3	FOV 52° 1 920×1 080 像素	头显 85 计算模块 未知	SlAM 定位，能识别现实环境使虚现更融合，支持手势、语音等交互	高通 845 芯片 + Adreno630 GPU
全球技术标准参数	12	FOV 65° 1 280×1 720 像素	<60	AR 专用 OS，应支持语音、手势、体感、眼球甚至脑电波控制	强大的 CPU、GPU 和 HPU

2.2.4 虚拟/增强现实软件平台工具

VR/AR 应用系统的研发离不开各类平台工具、引擎和应用程序接口（API）的支持。随着基础和应用研究的进展，新的平台和引擎不断涌现，旧的要么迭代更新、添加新的特性，要么被淘汰出局。表 2-10 列举了当前 VR/AR 领域常用的一些开发工具平台、引擎和 API。其中，综合的开发平台（如 Unity 和 Unreal Engine）通常提供可视化的场景构建、交互制作、特效制作与优化管理等功能，支持各类物理引擎、渲染引擎和脚本编程。AR 方面的开发工具，通常支持环境识别、场景对象跟踪、光照估计与虚实融合、AR 设备管理等功能。实现这些软件功能的算法，通常基于成熟的或者最新的研究成果。

表 2-10 常用的 VR/AR 开发工具平台、引擎和 API

工具平台/ 引擎/API	主要特色/功能
Unity	支持多种格式导入；高性能的灯光照明系统；AAA 级图像渲染引擎；支持 NVIDI-APhysX 物理引擎；高效率的路径寻找与人群仿真系统；逼真的粒子系统；强大的地形编辑器
Unreal Engine	场景构建：植被、地形地貌工具，云彩、天空、水体系统，资源优化；渲染、光照和材质：材质编辑，实时逼真光栅化和光线追踪，精细光照，虚拟纹理，先进着色模型；模拟和效果：Niagara 粒子和视觉效果，布料工具，Chaos 物理和破坏系统，基于发束的毛发；蓝图可视化脚本编制系统；XR 支持
Virtools	多功能模块集成：Havok 物理模块、AI 模块、网络模块、虚拟现实模块、不同平台专用游戏开发包；便捷发布
VR – Platform （VRP）	虚拟现实编辑器：三维场景的模型导入、交互制作、特效制作、后期编辑与发布；物理模拟系统：虚拟碰撞、惯性、加速度、破碎、倒塌、爆炸等；各类仿真平台：数字城市、工业仿真、虚拟旅游、虚拟展馆等

续表

工具平台/引擎/API	主要特色/功能
Quest3D	易用、强大的编辑器；物理引擎；人工智能，数据库操作等附加功能；支持VR外设；强大的网络模块支撑；粒子特效、骨骼动画
OpenScene Graph（OSG）	开源的三维实时场景图开发引擎，被广泛应用于可视化（飞行、船舶、车辆、工艺等仿真）、增强现实以及医药、教育、游戏等领域。高性能：支持基于视锥体的裁切、基于遮挡的裁切，支持LOD、OpenGL状态排序、VAO、VBO以及着色语言；工具类：粒子系统、特效、阴影、地形、动画
Vulkan	跨平台的2D和3D图形API，针对实时3D程序设计；支持深入硬件底层的控制，带来更快的性能和更高的图像质量；提供超高的OS兼容性、渲染特性和硬件效率
ARKit	场景、人物、图像跟踪定位；物体检测；人体动作捕捉；光照估计；虚实融合渲染；深度API
ARCore	运动跟踪；动作捕捉；环境理解；光估测；云锚点；图像识别；图像跟踪等
Vuforia	目标检测、识别与追踪；智能地形；虚实融合；云识别
Wikitude	跟踪定位；图像识别；基于位置的服务与GEO数据；虚实融合
Kudan	跨平台增强现实SDK；图像识别；根据用户位置和识别的图像映射额外元素；无标记追踪
华为AR Engine	运动跟踪，环境跟踪，人体和人脸跟踪；SLAM定位和环境理解；手势、肢体识别交互；多设备支持
IdeaVR创世	轻量化虚拟现实引擎平台，提供专业的插件及模型材质，支持跨平台创作发布，内置云渲染、全新的地形编辑功能；自然手势交互和实时绿幕
Nibiru Creator	采用国产自主Nibiru Studio引擎；图形化界面，跨平台交互式VR/AR内容，支持多种格式素材编辑；多细节自定义云端发布

2.4 广东省在前沿研究中的探索

2.4.1 基础研究领域

广东省内高校、科研机构和企业在 VR/AR 领域的基础研究方面表现活跃，研究基础比较扎实，研究方向涉及自然人机交互、几何建模、场景重建、图形渲染、虚实融合和设备研发等方面。表 2-11 和表 2-12 分别列举了广东省 VR/AR 可依托的主要科研平台和主要研究团队及研究方向。其中，未包含支撑 VR/AR 发展的人工智能、计算机视觉、云边计算等方向的研究团队数据。

表 2-11 可依托的主要科研平台

序号	科研平台	依托单位
1	广东省机器视觉与虚拟现实技术重点实验室	中科院深圳先进技术研究院
2	AMOLED 工艺技术国家工程实验室	深圳华星光电有限公司、中山大学、华南理工大学等
3	国家数字家庭工程技术研究中心	中山大学
4	华南理工大学人机智能交互实验室	华南理工大学
5	华南理工大学脑机接口与脑信息处理中心	华南理工大学
6	广东省虚拟现实及可视化工程技术研究中心	广东工业大学
7	广东省人机交互与视频分析工程技术研究中心	广东工业大学
8	深圳大学智能虚拟现实联合实验室	深圳大学
9	广东省脊柱外科虚拟现实与器械工程技术研究中心	南方医科大学
10	广东省虚拟现实核心引擎关键技术平台工程技术研究中心	深圳市中视典数字科技有限公司
11	广东省人工智能与虚拟现实交互工程技术研究中心	广州幻境科技有限公司
12	广东省先进核能人工智能与虚拟现实工程技术研究中心	广州幻境科技有限公司 中广核研究院有限公司 香港城市大学机械工程系

表 2-12　主要研究团队（机构）及研究方向

序号	主要研究团队/机构	负责人/主要成员	研究方向/成果
1	华南理工大学类脑感知与人体数据科学团队	徐向民 李远清	脑机接口等
2	华南理工大学电子与信息学院	金连文 贾　奎 周智恒	计算智能；智能交互；计算机视觉；可穿戴传感器信号处理；云计算、移动互联网
3	华南理工大学多媒体技术与图形图像处理团队	韩国强 李桂清	场景重建；计算几何等
4	广东工业大学计算机学院交互与视觉信息研究所	战荫伟 杨　卓 朱　鉴	计算机视觉和人机交互
5	广东工业大学 VR/AR 研究团队	何汉武	手势识别；虚实融合；视觉、嗅觉、触力觉和温感等多感官通道交互；虚拟手术
6	华南农业大学虚拟现实研究所	邹湘军	研究方向：虚拟现实，机器视觉与机器人
7	中国科学院深圳先进技术研究院	樊建平	医学图像分析；虚拟手术和康复训练；新型高灵敏度柔性仿生触觉传感技术
8	深圳大学智能虚拟现实联合实验室	石大明	3D 场景重建与定位；基于 AR 的手术机器人
9	广州幻境科技有限公司	陈　曦 黄昌正	手势识别；基于人造肌肉的力学反馈；穿戴式产品
10	暨南大学信息科学技术学院	高博宇	基于手持设备的触控手势交互；基于虚拟环境中多通道可信交互

近年来，广东省在 VR/AR 领域取得了丰富的研究成果。据不完全统计，涉及虚拟现实技术领域的专利合计 6 000 余项。

2.4.2　应用领域

广东省在 VR/AR 领域的研究聚集度比较高，主要集中在广州和深圳两地。表 2-13 列出了广东省内企业在 VR/AR 领域的部分产品，涵盖了整机产品、开发平台、应用系统以及行业应用解决方案等内容。

表 2-13 软硬件产品开发一览

类别	公司	产品
传感摄像头	深圳奥比中光科技有限公司	3D 传感摄像头
智能眼镜	深圳纳德光学有限公司	GOOVIS
	OPPO 广东移动通信有限公司	OPPO AR Glass
	深圳增强现实技术有限公司	0glasses RealX、0glasses Danny 2
VR 手套	广州幻境科技有限公司	Handy 手势交互套件、Null Touch 交互数据手套
VR 头显	深圳市掌网科技股份有限公司	星轮 VIULUX
AR 头显	广东虚拟现实科技有限公司	Rhino X
动感仿真体验设备	广州卓远虚拟现实科技有限公司	文旅科普动感仿真体验设备
开发平台	深圳市中视典数字科技有限公司	VRP Quantum 虚拟现实引擎
	华为技术有限公司	AR Engine、虚实融合平台 Cyberverse
	深圳市腾讯计算机系统有限公司	QQ-AR 平台
应用系统	广州卓远虚拟现实科技有限公司	应急逃生安全科普平台、VR 体验店运营管理系统、幻影星空 VR 体验店
	深圳市瑞立视多媒体科技有限公司	大空间 VR 多人交互系统、智能 3D 立体交互系统、魔方 MR 虚拟预演拍摄系统
	深圳增强现实技术有限公司	增强现实远程工作指导系统（Hubble）、AR-PSS 工作辅助系统
	广州世峰数字科技有限公司	多功能 3D 互动系统、智慧园区管理系统
	广州玖的数码科技有限公司	5G+VR 公共安全及培训、5G+VR 文旅景区
	广东虚拟现实科技有限公司	MR 全息博物馆

2.5 问题分析与对策

综上分析,广东省在 VR/AR 领域的研究聚集度比较高,主要集中在广州和深圳两地。广东省内高校、科研机构和企业在 VR/AR 领域的基础研究方面表现活跃,研究基础比较扎实,研究方向涉及 VR/AR 各个方面。广东省以 6 090 项专利名列榜首,占全国的 20.70%,具备较好的知识产权基础。

尽管广东省在 VR/AR 领域取得了良好的成绩,但是与先进国家相比,仍然存在基础研究薄弱、研究力量分散、缺少源头创新和核心竞争力等问题。

1. 基础研究和应用基础研究较为薄弱,研究力量比较分散,跨学科之间的协助不够紧密,缺少国家级科研平台和具备国际影响力的科研团队以及领军人才

虚拟/增强现实是一个多学科交叉的研究领域,需要通过政府层面的顶层设计,打通城与城、校与校、校与企、学科与学科之间的"资源孤岛",创建高层次、跨学科的科研载体,直至布局国家级实验室。集中优势力量,攻克若干公共科学问题。

基础研究是科技创新的原动力,其关键在于人才。要大力培养和引进人才,夯实虚拟现实产业发展的基石。要通过改善软硬件环境,增强对创新人才的吸引力,引进高端人才。要改革人才评价制度,通过对贡献度的量化评分,打破非 1 即 0 的评价制度(论文、知识产权排第一,占全部贡献),提高基础研究人员的积极性。

2. 缺少源头技术创新和核心竞争力,影响产业的可持续发展

主要体现在科研平台与产业脱节,产学研联系不够紧密。一方面实验室的成果难以真正实现产业化;另一方面中小创新型企业的研发力量比较薄弱,资金、人力投入不足。需要建立高效的产学研机制,同时引进既掌握技术,又有长期从业经验的人才。

针对广东省的优势、特色产业,深耕垂直行业,定义优势产品。同时发掘行业的应用问题,并凝练领域科学问题,提出技术解决方案,形成自主知识产权,制定技术标准,打造核心产品,促进产业可持续健康发展。

第 3 章

虚拟现实产业发展现状

2016 年是虚拟现实行业的元年。虚拟现实在经历元年的火爆之后，在 2017 年却遭受了冷遇，而随后虚拟现实便回归理性的发展轨道，呈现稳步务实、向好发展的特点。受 5G 通信、人工智能、超高清视频、云计算大数据等技术的推动，医疗健康、教育培训、文教娱乐等领域对虚拟现实需求不断增长。自 2019 年以来，虚拟现实产业迎来了新的发展机遇，新模式新业态不断涌现，用户对虚拟现实的认可度不断提高。2020 年，尽管受疫情影响，虚拟现实产业还是获得了一定程度的发展。在本章中，我们将重点对广东省虚拟现实行业的发展情况进行分析。

3.1 省内虚拟现实企业产业分布情况

3.1.1 产业分布情况

虚拟现实产业链主要分为五个部分,包括工具/设备、内容制作、内容分发、行业应用以及相关服务企业。表3-1为广东省代表性虚拟现实企业业务分布(不完全统计)。

表3-1 广东省代表性虚拟现实企业业务分布(不完全统计)

序号	业务类型	应用领域	企业数量
1	工具/设备	显示	37
		输入	12
		软件工具	3
		拍摄设备	25
2	内容制作	游戏	33
		影视制作	26
3	内容分发	体验店	15
4	行业应用	综合	4
		智能家居	9
		智能穿戴	2
		教育	35
		仿真	42
		服务	18

产业链上游是硬件设备和平台服务提供商,分为VR设备生产商、系统平台和内容运营平台三个部分,这一环节是VR产业最先发展和成熟的环节。工具/设备作为虚拟现实的基础支撑,其中显示设备、输入设备是虚拟现实的重要组成部分。众多企业从布局VR硬件设备和平台入手,切入VR市场。

产业链中游是以行业应用为主的内容提供商,目前主要在视频直播、游戏、教育、智能家具和智能穿戴等领域拓展,这一环节是目前VR产业发展的重点,市场上硬件设备和平台已经相对成熟,需要更好的商业模式和运营模式支撑产业发展,行业应用提供了更好的支撑产业发展的条件。

产业链下游是渠道服务提供商,除传统的线上/线下渠道商外,还包括应用商店和一些垂直媒体。

3.1.2 产业布局分析

在产业分布方面，在2020年广东省注册的比较有代表性的虚拟现实企业中，进行工具/设备生产的企业有77家，进行内容制作和分发的企业分别有59家和15家，进行行业应用开发的企业有110家。虚拟现实产业发展至今，已经进入成熟应用阶段。目前，在代表性的企业中，软件工具类企业仅有1家。软件工具作为输入设备和输出设备的桥梁，会是虚拟现实产业中下一个重点关注的领域。表3-2为代表性的虚拟现实企业的细分产业分布。

表3-2 代表性的虚拟现实企业的细分产业分布

VR产业分布	显示设备	体验店	服务设备	影视制作	教育	其他
产业占比	42%	17%	9%	7%	6%	19%

在区域分布方面，在2020年广东省已注册的虚拟现实企业中，有58%的企业位于深圳，30%的企业位于广州，4%的企业位于东莞，这三个地区是虚拟现实企业的主要聚集地。表3-3为虚拟现实企业的区域分布。

表3-3 虚拟现实企业的区域分布

VR企业区域分布	深圳	广州	东莞	其他
占比	58%	30%	4%	8%

虚拟现实企业的分布情况与目前国内技术发展趋势相关。首先，因为虚拟现实作为一种高技术产业，所以优先集中在这些属于我国经济、文化最发达的地区。其次，这些地区信息化水平高，对信息化的接受度高、需求大，虚拟现实的应用和服务拥有广阔的市场前景。

此外，以上数据同时说明虚拟现实在广东省各区域存在发展不均衡的情况，区域发展不均衡不利于虚拟现实产业的发展和应用，这些落后区域是产业分布的短板所在。

3.2 虚拟现实企业发展

3.2.1 省外企业事件统计

(1) 据企查查统计,省外虚拟现实企业数量为15 786家,其中有1 067家为高新技术企业,占6.8%。

(2) 企业规模:表3-4给出了企业参保人数所对应的企业数量。

表3-4 省外企业规模统计

企业参保人数 n	$1 < n \leq 100$	$100 < n \leq 500$	$500 < n \leq 1\ 000$	$n > 1\ 000$
企业数量/家	15 318	269	81	118

(3) 省外上市具有虚拟现实概念企业统计。

据数据统计,在A股上市的具有虚拟现实概念的股票一共有88只,其中省外的有71只,占总数的80.7%,市值总和为18 791.82亿元。图3-1为省外A股中具有虚拟现实概念的企业市值排名前16的企业。

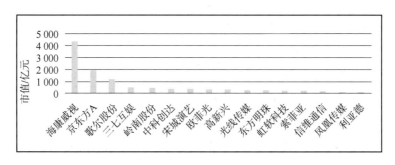

图3-1 省外A股中具有虚拟现实概念的企业市值排名前16的企业

(4) 省外上市具有增强现实概念企业统计。

具有虚拟现实概念的企业有38家,其中省外35家,占92.1%,市值总和为4 979.91亿元。图3-2为省外A股增强现实概念股票市值排名前20的企业。

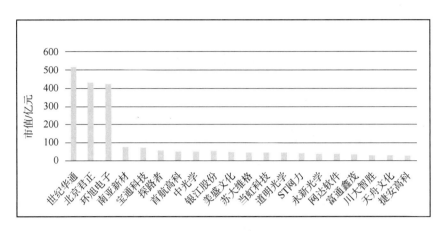

图 3-2 省外 A 股增强现实概念股票市值排名前 20 的企业

(5) 2020 年新认定虚拟现实领域工程研究中心有 10 个,具体如表 3-5 所示。

表 3-5 2020 年新认定虚拟现实领域工程研究中心

序号	工程研究中心名称	依托单位
1	安徽省虚拟现实与增强现实技术(VR 和 AR)及应用工程实验室	合肥金诺数码科技股份有限公司
2	江苏省高性能 MEMS 惯性传感器工程技术研究中心	南京高华科技股份有限公司
3	江苏省超低温阀门数字化设计及材料成型优化仿真工程技术研究中心	江苏亿阀集团有限公司
4	北京市虚拟仿真与可视化工程技术研究中心	北京大学
5	北京市冶金三维仿真设计工程技术研究中心	北京首钢国际工程技术有限公司
6	北京市虚拟仿真与可视化工程技术研究中心	北京大学
7	北京市混合现实与新型显示工程技术研究中心	北京理工大学
8	河南省智能人机交互设备工程研究中心	黄淮学院
9	河南省数字图像大数据智能处理工程研究中心	南阳师范学院
10	广东省人机交互与视频分析工程技术研究中心	广东工业大学

(6) 2020 年新认定虚拟现实领域重点实验室有 9 个,具体如表 3-6 所示。

表 3-6 2020 年度新认定虚拟现实领域重点实验室

序号	重点实验室名称	地区
1	可视化计算与虚拟现实四川省重点实验室	四川
2	科学工程计算与数值仿真湖南省重点实验室	湖南
3	物流信息与仿真技术湖南省重点实验室	湖南

续表

序号	重点实验室名称	地区
4	新零售虚拟现实技术湖南省重点实验室	湖南
5	新疆电力系统全过程仿真重点实验室	新疆
6	江西省颗粒系统仿真与模拟重点实验室	江西
7	辽宁省实景三维空间信息专业技术创新中心	辽宁
8	河北省智能装备数字化设计及过程仿真重点实验室	河北
9	贵州省经济系统仿真重点实验室	贵州

（7）表3-7为2020年企业新品发布事件。

表3-7 2020年企业新品发布事件

序号	企业	产品详情
1	Pico	Pico Neo 2 一体机开启预定，售价4 399元
2	爱奇艺	发布新一代奇遇2Pro 6DOF VR一体机
3	Rokid	基于海思XR平台的Rokid Vision亮相
4	电信天翼云	发布新产品"小V一体机"，定价799元，定位"观影神器"
5	联想与PicoVR	联合开发Mirage VR S3一体机，将专注商用、教育市场
6	NOLO VR	发布新品NOLO X1 4K VR一体机6DOF版
7	Nreal	与韩国三大电信运营商之一的LG U+联合发布了直接面向消费者的合约补贴版AR眼镜——Nreal Light
8	影创科技	发布了搭载高通骁龙XR2平台的MR智能眼镜"鸿鹄"
9	大朋VR	联合等贤科技，共同召开新品发布会，正式发布了大朋VR+教育的产品"开口说"VR英语学习机
10	XRSPACE	发布XRSPACE MANOVA VR一体机及虚拟世界XRSPACE MANOVA

3.2.2 省内企业发展、企业事件统计

（1）据企查查统计，省内虚拟现实企业数量为5 739家，其中有481家为高新技术企业，占8.4%。

（2）企业规模：表3-8给出了企业参保人员所对应的企业数量。

表 3-8 省内企业规模统计

企业参保人数 n	$1 < n \leq 100$	$100 < n \leq 500$	$500 < n \leq 1\,000$	$n > 1\,000$
企业规模/数量	5 530	136	26	47

(3) 省内具有虚拟现实概念的上市企业统计。

据同花顺统计，在 A 股上市的具有虚拟现实概念的股票一共有 88 只，其中省内的有 17 只，占总数的 19.3%，市值总和为 2 604.45 亿元。表 3-3 为省内 A 股中具有虚拟现实概念的上市企业市值排名。

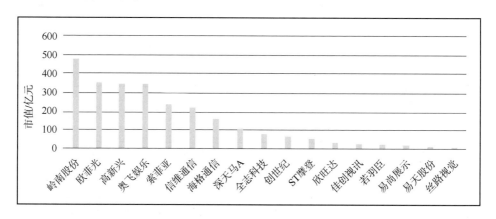

图 3-3 省内 A 股中具有虚拟现实概念的上市企业市值排名

(4) 省内具有增强现实概念的上市企业统计。

在广东省内具有增强现实概念的企业有 3 家，市值总和为 135.5 亿元。图 3-4 为省内 A 股增强现实概念股票市场排名。

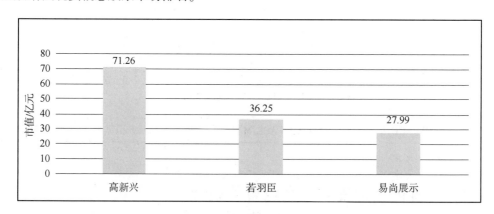

图 3-4 省内 A 股增强现实概念股票市值排名

(5) 涉及 VR/AR 硬件布局相关上市企业梳理（表 3-9）。

表 3-9　涉及 VR/AR 硬件布局相关上市企业梳理

涉及环节	光学器件和光学部件	VR/AR 终端	芯片	摄像头	显示器
企业数量	10	5	4	3	1
企业名称	歌尔股份、水晶光电、联创光电、奥普光电、联合光电、三安光电、利达光电、韦尔股份、福晶科技、金达激光	探路者、利亚德、奋达科技、闻泰科技、中茵股份	北京君正、全志科技、长江通信、晶方科技	欧菲光、光迅科技、汉麻产业	中颖电子

安信证券研究中心整理数据显示，做 VR/AR 硬件布局的企业一共有 23 家，其中有 10 家涉及的环节是光学元器和光学部件，包括歌尔股份、水晶光电、联创光电、奥普光电、联合光电、三安光电、利达光电、韦尔股份、福晶科技、金达激光。有 5 家涉及的环节是 VR/MR 终端，包括探路者、利亚德、奋达科技、闻泰科技、中茵股份。有 4 家是做芯片的，包括北京君正、全志科技、长江通信、晶方科技。有 3 家是做摄像头的，包括欧菲光、光迅科技、汉麻产业。有 1 家即中颖电子是做显示屏的。

(6) 2020 年广东省虚拟现实领域工程研究中心有 10 个，具体如表 3-10 所示。

表 3-10　2020 年广东省虚拟现实领域工程研究中心

序号	工程中心名称	依托单位
1	广东省软件定义网络与网络虚拟化工程技术研究中心	广州西麦科技股份有限公司
2	广东省虚拟现实核心引擎关键技术平台工程技术研究中心	深圳市中视典数字科技有限公司
3	广东省脊柱外科虚拟现实与器械工程技术研究中心	南方医科大学南方医院
4	广东省虚拟现实及可视化工程技术研究中心	广东工业大学机电工程学院
5	广东省现代职业教育虚拟现实应用工程技术研究中心	广东技术师范大学教育科学与技术学院
6	广东省施工仿真和 BIM 工程技术研究中心	广州一建建设集团有限公司
7	广东省汽车仿真教学设备工程技术研究中心	广东合赢教育科技股份有限公司
8	广东省舆情分析与仿真工程技术研究中心	深圳中泓在线股份有限公司
9	广东省仿真控制系统工程技术研究开发中心	广东亚仿科技股份有限公司
10	广东省人机交互与视频分析工程技术研究中心	广东工业大学

(7) 2020 年广东省虚拟现实领域重点实验室有 1 个。

(8) 表 3-11 为 2020 年广东省虚拟现实领域融资事件。

表 3-11　2020 年广东省虚拟现实领域融资事件

序号	所属公司	投资机构	融资阶段	融资金额
1	谷东科技有限公司	广州城投凯得资本	战略投资	数千万人民币
2	深圳市炬视科技有限公司	合肥市创投	战略投资	金额未知
3	深圳市锐思华创技术有限公司	东方富海	Pre-A 轮	数千万人民币
4	杭州太若科技有限公司	金浦科技基金、中电中金基金、红杉资本、快手、高瓴资本	B 轮	4 000 万美元
5	广州宸境科技有限公司	火山石资本	天使+轮	数百万美元
6	深圳珑璟光电科技有限公司	深创投	B 轮	数千万人民币
7	影石创新科技股份有限公司	基石资本、金石资本利得资本、招商局伊敦基金、招商局中国基金、中信证券	D 轮	数千万美元

（9）表 3-12 为 2020 年广东省企业新品发布事件。

表 3-12　2020 年广东省企业新品发布事件

序号	企业	产品详情
1	3Glasses	超薄系列新品 X1S 曝光，为 3GlassesX1 升级版
2	凌宇	NOLO X1 一体机
3	酷派	智能手机厂酷派进军 AR 行业，发布首款光波导 AR 眼镜——酷派 XView
4	华为	正式发布了 HUAWEI VR Glass6 DOF 游戏套装
5	创维	发布超薄 VR 眼镜 V601-S6
6	OPPO	推出 AR 眼镜升级版本 OPPO AR Glass 2021，不过这款 AR 眼镜不会量产和公开上市，仅为内部开发者使用
7	瑞立视	2020 新品发布，完成"全息 3D 智能立体交互系统"全品类布局
8	圆周率	IP67 级防护、-40℃可运行，圆周率发布三防 8K 全景相机
9	Insta360 影石	多镜头防抖运动相机 ONE R，全球首款可更换镜头的运动相机

（10）表 3-13 为广东省入选"2020 中国 VR50 强企业"名单。

表 3-13　广东省入选"2020 中国 VR50 强企业"名单

序号	企业名称
1	深圳市中视典数字科技有限公司
2	深圳创维新世界科技有限公司

续表

序号	企业名称
3	广东虚拟现实科技有限公司
4	深圳市虚拟现实技术有限公司
5	广州玖的数码科技有限公司
6	深圳市科创数字显示技术有限公司
7	深圳市瑞立视多媒体科技有限公司

3.2.3 省内纵向对比

省内企业数量纵向对比如图3-5所示。

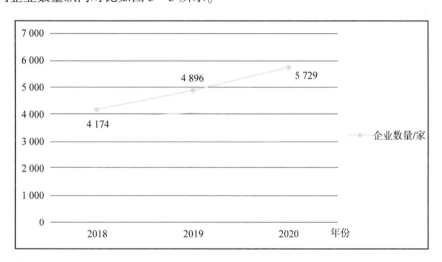

图3-5 省内企业数量纵向对比

3.2.4 省内外横向对比

1. 不同领域上市企业数量

表3-14为省内外虚拟现实上市企业数量对比。

表3-14 省内外虚拟现实上市企业数量对比

企业类型	VR 企业		AR 企业	
区域	省内	省外	省内	省外
数量/家	17	71	3	35

2. 专注的方向

表 3-15 为广东省虚拟现实产业技术创新联盟成员单位专注方向统计。

表 3-15　广东省虚拟现实产业技术创新联盟成员单位专注方向统计

专注方向	软件	硬件	服务	应用制作分发
单位数量/家	374	174	30	16

3. 各细分市场的占比

表 3-16 为广东省虚拟现实产业技术创新联盟成员单位专业市场占比。

表 3-16　广东省虚拟现实产业技术创新联盟成员单位专注市场占比

专注市场	软件	硬件	服务	应用制作分发
占比	63%	29%	5%	3%

3.3 省内虚拟现实企业产值情况

珠三角地区拥有众多专注虚拟现实技术与设备的企业，产值突出。其中深圳市已形成非常完备的虚拟现实产业链，企业产值遥遥领先；广州市通过政策倾斜，引进科研机构等方式，为本地虚拟现实企业提供了良好发展环境。

3.3.1 广州市虚拟现实企业产值分布

广州市大部分的虚拟现实企业产值主要集中在天河区和黄埔区。黄埔区与天河区拥有新一代信息技术、人工智能等千亿级产业集群，在产业聚集及上下游产业链等硬件环境方面具有得天独厚的优势，对虚拟现实产业发展有促进作用。

3.3.2 深圳市虚拟现实企业产值分布

深圳市虚拟现实企业产值的分布情况呈现区域聚集特点，南山区的虚拟现实企业产值最为集中。南山区的前海湾深港合作区高密度地分布着大量虚拟现实企业，依托于良好的政策支持、优秀的人才储备以及前沿的科技水平，虚拟现实企业可以更快速地发展。

3.4 省内虚拟现实技术分布

本小节主要对广东省虚拟现实企业的技术分布进行汇总，数据来源主要为各企业所拥有的专利。

3.4.1 深圳市瑞立视多媒体科技有限公司

1. 手势深度信息处理方法

手势深度信息的处理方法涉及图像处理领域，用于提高基于深度相机测量手部特征点深度信息的准确性。

2. 人体姿势估计方法

人体姿势估计方法涉及计算机视觉领域，用于解决现有的人体姿势估计方式成本高和计算效率低的问题。

3. VR 空间扩展方法

VR 空间扩展方法解决 VR 空间扩展带来的用户体验感受影响的问题。

4. 基于虚幻引擎的物体抓取仿真方法

基于虚幻引擎实现双手同时抓取物品的仿真，使物品抓取操作更贴近场景需求，扩展了物品抓取并移动的应用场景。

5. 头显设备的显示校正方法

头显设备的显示校正方法用于对头显设备的显示画面进行校正。该发明通过在头显设备上设置刚体辅助进行显示画面校正，避免虚拟现实模拟过程中头显设备上惯性传感器的误差累积导致显示画面错误的情况出现。

3.4.2 深圳纳德光学有限公司

1. 一屏双目式头戴显示光学系统

一屏双用目式头戴显示光路，在头戴显示产品及类似产品上大大降低了双屏在两眼视觉上的差异，进一步提升了用户体验感。

2. 头戴显示器的屈光度调节装置

头戴显示器通过设置按键，轻按按键便可启动电机进行屈光度的调节，佩戴更加舒适；通过在主体部件上分别设置左右眼的屈光度调节装置，实现单目独立调节，能够矫正左右眼的视力差。

3.4.3 广州玖的数码科技有限公司

1. 基于云算链的渲染方法

通过主动请求和分发匹配机制,使计算任务的分发更为合理,并进一步实现无差异的渲染节点自治,可广泛应用于分布式计算网络技术领域。

2. 游戏赛况现场 AI 解说库生成方法

根据游戏过程中的玩家身体运动数据来设置部分语音解说包的触发条件,然后把设置好的触发条件与对应的解说包相关联地存储,从而生成游戏赛况现场 AI 解说库。在生成游戏赛况现场 AI 解说库之后即可利用该解说库对游戏赛况进行 AI 解说,能够根据玩家身体运动数据进行相应的解说,使游戏赛况现场 AI 解说更加生动。

3.4.4 广州幻境科技有限公司

1. 基于人造肌肉的力学反馈体感手套

通过控制手套本体上的人造肌肉产生的收缩动作,在用户手部实现力学反馈,且反馈速度快、反馈精度高,能够带给用户较好的产品体验。

2. 手势识别手环

佩戴者佩戴并开启手势识别手环,三个摄像头分别拍摄佩戴者手部的第一手势影像、第二手势影像及第三手势影像,通信模块获取上述影像及手势识别手环的空间坐标数据,通过蓝牙网络输出至影像处理设备,影像处理设备根据上述数据对佩戴者手部进行手势识别,构建对应的虚拟现实影像。三个摄像头可从不同视角拍摄佩戴者手部的手势影像,避免了因手势动作重叠或视角遮挡而无法识别手势动作的情况发生,实现对佩戴者手势进行全方位的精确识别,帮助佩戴者在虚拟现实场景下获得沉浸式体验。

3. 三维虚拟建模方法

该方法的步骤包括:按照预设的竖直曲线段间隔,计算待测物体表面各竖直曲线段上各定点到测试设备的垂直距离,根据预设的竖直曲线段间隔及若干个所述竖曲线段上各定点到测试设备的垂直距离重建待测物体的三维模型。其中,竖直曲线段各定点的测试方法包括以下步骤:

(1) 控制激光器按照预设的相机摄影角度发射激光到物体表面竖直曲线段上的定点;

(2) 获取所述竖直曲线段上定点的激光反射光线在相机上的成像宽度;

(3) 根据激光发射点到相机中点的距离、所述竖直曲线段上定点的成像宽度及相机焦距,计算竖直曲线段上定点到测试设备的垂直距离。

4. 基于 SLAM 的虚拟现实大空间定位方法

依托于可跟随用户行驶的定位机器人，同时对用户及所处的大空间进行跟踪拍摄及识别定位，从而对用户实现虚拟现实大空间定位，其中，随动的定位机器人拓宽了拍摄范围，且由于无须布设大量摄像头，降低了虚拟现实大空间定位方案的推广应用成本。

3.4.5 广东虚拟现实科技有限公司（XIMMERSE 公司）

1. 交互设备

该交互设备包括基板和控制面板，控制面板叠置于基板上，控制面板具有触控区域和显示区域，触控区域用于接收用户的操控动作，显示区域上设置了标记物。上述交互设备，更易于用户握持以及操作，能够提高用户进行人机交互的效率。

2. 头戴显示装置

当穿戴组件被用户穿戴至头部时，电池组件位于用户的后脑处，能够分散头戴显示装置对用户头部的压力，有利于提高用户的穿戴舒适度。图 3–6 为头戴显示装置分解。

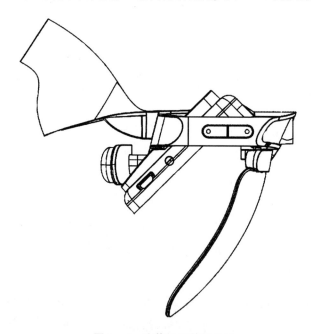

图 3–6 头戴显示装置分解

3. 交互装置的识别方法

交互装置包括第一交互装置和第二交互装置，第一交互装置设有第一标记物，第二交互装置设有第二标记物，第一标记物与第二标记物相区别，第一标记物以及第二标记物均包括多个子标记物；该方法首先通过对目标图像中的子标记物进行识别，识别出第一标记物和第二标记物后,再获取该标记物对应的交互装置的当前位姿信息,最后通过交互装置的当前位姿信息判断该交互装置对应左手或对应右手,以准确识别双交互装置,并对其进行追踪,进而提高交互的准确性。

4. 虚拟内容的控制方法

该方法包括:获取终端设备与交互设备之间的相对空间位置信息;根据相对空间位置信息,渲染虚拟的三维模型,三维模型叠加在现实空间中的位置位于交互区域以外的区域;基于相对空间位置信息,生成与三维模型对应的虚拟的二维平面内容,二维平面内容的显示位置与交互区域对应;接收交互设备根据交互区域检测到的触控操作发送操作数据;根据操作数据,获取二维平面内容中被执行控制操作的第一目标内容;获取三维模型中与第一目标内容对应的第二目标内容,并对第二目标内容进行控制操作。

3.5 省内虚拟现实产品分布

本小节主要对广东省虚拟现实企业的具体产品分布进行汇总,数据来源主要为各企业所公开的产品,根据软硬件对产品进行分类。表3-17为广东省虚拟现实企业产品分类。

表3-17 广东省虚拟现实企业产品分类

序号	应用分类	公司名称	产品
1	硬件	广东虚拟现实科技有限公司	Rhino X（AR头显）
2		广州幻境科技有限公司	Handy手势交互套件、Null Touch交互数据手套
3		广州联睿智能科技有限公司	智慧互动黑板、智慧前台
4		深圳奥比中光科技有限公司	3D传感摄像头
5		深圳纳德光学有限公司	GOOVIS智能眼镜
6		广州卓远虚拟现实科技有限公司	文旅科普动感仿真体验设备
7	软件（教育培训）	深圳市中视典数字科技有限公司	沉浸式虚拟仿真实验室、中视典5G教育云平台
8		深圳市瑞立视多媒体科技有限公司	大空间VR多人交互系统、智能3D立体交互系统
9		广州新节奏智能科技股份有限公司	恩授体感教育
10		广州世峰数字科技有限公司	多功能3D互动系统M3D
11		广州联睿智能科技有限公司	智慧互动黑板
12		广州玖的数码科技有限公司	5G+VR公共安全及培训
13		广州卓远虚拟现实科技有限公司	应急逃生安全科普平台
14	软件（文化娱乐）	深圳市瑞立视多媒体科技有限公司	大空间VR多人交互系统、智能3D立体交互系统
15		深圳市瑞立视多媒体科技有限公司	魔方MR虚拟预演拍摄系统
16		广州玖的数码科技有限公司	5G+VR文旅景区
17		广东虚拟现实科技有限公司	MR全息博物馆
18		广州卓远虚拟现实科技有限公司	幻影星空VR体验店
19	软件（智慧管理）	广州世峰数字科技有限公司	智慧园区管理系统
20		深圳市瑞立视多媒体科技有限公司	智能3D立体交互系统
21		广州卓远虚拟现实科技有限公司	VR体验店运营管理系统

3.6 省内虚拟现实应用发展情况

截至2020年8月,我国VR领域相关企业地区分布前10如图3-7所示。我国VR领域相关的企业共有2.27万家。从地区分布来看,广东省以5 771家的企业数量排名第一,占全国总量的25%,北京、陕西分别以超过1 500家和近1 400家的企业数量排名第二和第三。2021年对于VR同样是非常重要的一年,由于5G商用的逐渐普及,5G的高速率特征使目前主流的VR头戴设备配备4K超清屏,甚至8K及以上的超高清内容成为可能。

深圳虚拟现实产业发展环境优越。深圳创新创业氛围浓厚,投融资发达,行业协会积极作用,促进了初创企业的快速成长。政府、企业、高校、协会等多主体设立投资引导基金、发展基金等投融资机构,并建立了多所虚拟现实创业孵化基地、产业园和产业基地,包括大湾区虚拟现实产业生态展示平台、智客空间等。

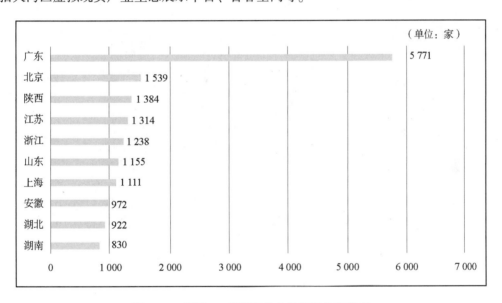

图3-7 我国VR领域相关企业地区分布前10

产业链建设侧重于硬件制造与移动应用领域,深圳加强政产学研用深度合作,共同促进虚拟现实技术创新与产业创新。深圳充分发挥企业创新主体作用,以龙头企业引领技术创新。宏达电子与深圳市政府、深圳大学合作,助力人才培育,建立企业、高校、科研机构和投资机构共同参与、整体发展的创新体系。腾讯与高通合作成立联合创新中心,推动硬件设备与消费级应用发展。多方合作推动虚拟现实技术在医疗、军事、工程、设计、制造等专业领域的示范应用,深化虚拟现实领域的政产学研合作,促进产业发展壮大。

3.6.1 VR+教育

如今,虚拟现实技术已经成为促进教育发展的一种新型教育手段。传统的教育只是一味地给学生灌输知识,而现在利用虚拟现实技术可以帮助学生打造生动、逼真的学习环境,使学生通过真实感受来增强记忆,相比于被动性灌输,利用虚拟现实技术来进行自主学习更容易让学生接受,这种方式更容易激发学生的学习兴趣。此外,各大院校利用虚拟现实技术还建立了与学科相关的虚拟实验室来帮助学生更好的学习。目前,典型的VR+教育应用如下:

(1)东莞市司法局"智慧矫正"VR教育项目;
(2)广州VR智慧教室K12智慧教育创新创客教室。

图3-8为VR+教育领域产品。

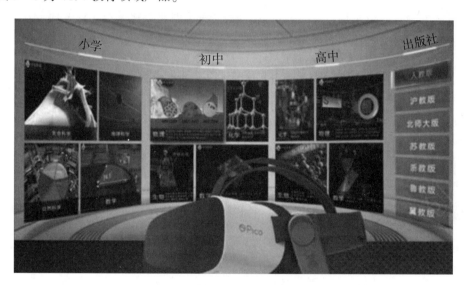

图3-8 VR+教育领域产品

国家"互联网+"行动专家咨询委员会成员、教育部教育信息化专家组成员、教育部数字化学习支撑工程研究中心主任钟绍春教授总结智慧教育具有以下三种特征:

(1)让学生们体会到学习知识是有价值的;
(2)使学生能够主动地、个性化地学习,尽可能以归纳的方式(培养学生学习兴趣,对学生因材施教的高效学习模式)进行学习活动;
(3)让学生会思考、会创造、变聪明(创新意识与创新能力)。

VR+教育已经开始在教育圈和培训圈不断地普及落地。虽然VR+教育不能颠覆教育的本质,但是它能改变传统教育的方式,提升教学的效率。VR+教育能够缩短物理的距离,让你去体验平时没法体验的场景,带你跨越时空重回历史场景,VR+教育是对传统教育方式的创新改造,能带给教育全新的教学方式。

3.6.2 VR+娱乐

近年来,由于虚拟现实技术在影视行业的广泛应用,在影视娱乐市场中,虚拟现实技术的影响力非常大。虚拟现实技术可以让观影者体会到置身于真实场景之中的感觉,让观影者沉浸在影片所创造的虚拟环境之中。同时,随着虚拟现实技术的不断创新,此技术在游戏领域也得到了快速发展。虚拟现实技术是利用计算机产生的三维虚拟空间,而三维游戏刚好是建立在此技术之上的,三维游戏几乎包含了虚拟现实的全部技术,使游戏在保持实时性和交互性的同时,也大幅提升了游戏的真实感。比较典型的应用有如下几种:

1. 第九星球

第九星球(图3-9)于2016年10月1日登陆广州地王广场,第九星球首创的VR互动体验技术是将3D立体视频、立体成像、头部追踪、多人互动、云计算等多种技术巧妙结合于一体,体验者只要戴上VR头盔,就能瞬间穿越成为影片的主角,进入超乎想象的VR世界,体验过山车、赛车竞速、模拟飞行、恐怖鬼屋、枪战射击等各种场景。第九星球重金打造国内唯一梦幻VR飞碟,真实还原梦幻飞行场景,临场感逼真。

图3-9 VR+娱乐领域产品:第九星球

2. 沈海高速梁金山服务区开设的全省首家VR体验馆

该体验馆为广东省第一个高速公路服务区的VR体验馆,走进该VR体验馆,可以戴上VR眼镜亲身体验深海探秘、云中漫步、密室逃脱、荒岛历险……让你穿越古今,畅游未来,为旅途增添一些乐趣。

3.6.3 VR+医疗

VR在医疗方面的应用则更有现实意义。医学专家们利用计算机,在虚拟空间中模拟出人体组织和器官,让学生在其中进行模拟操作,让学生感受手术刀切入人体肌肉组织、触碰到骨头的感觉,使学生能够更快地掌握手术要领。而且,主刀医生们在手术前,也可以建立一个病人身体的虚拟模型,在虚拟空间中先进行一次手术预演,这样能够大大提高手术的成功率,让更多的病人得以治愈。VR+医疗比较典型的应用是汕头大学医学院的虚拟医院。

汕头大学医学院在教学过程中,采用VR虚拟医院系统,定制化研发出一整套虚拟医院,它基于U3D软件平台系统,以实现数字仿真模拟医院教学系统为总体目标,创建包含课堂学习和科室学习在内的两大学习系统共同构成的虚拟医院教学系统。实现包含掌握基本操作技能、虚拟见习、虚拟实习、场景漫游、思维训练在内的多项功能,还可以增加康复、中医、影像等内容。医疗过程中包括仪容整理、导诊、问诊、诊断、治疗、病人体验。虚拟医院外景漫游虚拟仿真治病全过程,虚拟仿真医院场景漫游,整个虚拟场景医院依据国家标准设置了门诊大楼、分诊台、挂号室、收费处、各科门诊、检查科室、门诊注射室、输液室、治疗室、换药室、传染病及肠道门诊、辅助科室、绿色通道。图3-10为VR+医疗领域产品。

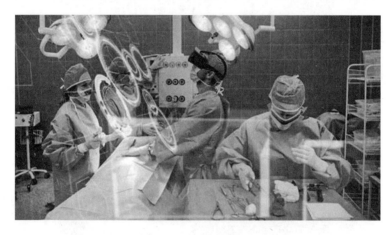

图3-10 VR+医疗领域产品

3.6.4 VR+工业

时下由于实体经济不景气和供给侧改革去产能的影响,中国的工业也在面临转型升级,而VR技术的仿真应用和可视化功能将让工业产业在信息化时代获得新机遇、新发展。中国工业和信息化部《VR产业白皮书》中明确提出"通过财政资金促进虚拟现实技术产业化,支持面向工业、文化、教育等重点行业的虚拟现实技术应用"。可以预见,VR技术在工业领域的运用将越来越广泛。

例如,由于工厂接单要按客户要求设计模具打样,周期长、成本高,东莞企业将VR技术嵌入工业设计领域,通过VR技术替代3D模具直接呈现样品雏形,提高了生产效率,减少了成本。

深圳南山区汇聚了中兴、腾讯、大疆创新等一批世界一流的创新型企业,以及深圳90%以上的"独角兽"企业,为南山虚拟现实软硬件发展提供了良好基础。科技服务活动包括院士论坛、博士论坛、柴火自造谈创客论坛等一批品牌交流项目,为虚拟现实产业创新发展及交流合作提供了良好的平台。

针对广东省各大工地项目实际情况,为了提供更加优质的技术和售后服务,景丰建筑标化率先在广东设立VR工地安全体验馆技术研发设计中心。图3-11为VR+工业领域产品。

图3-11 VR+工业领域产品

目前景丰建筑标化仅广东VR工地安全体验馆就在中国建筑(第二、三、四、五、八局)、中铁建工集团、五矿二十三冶集团、山河集团、武汉建工集团、中国交通建设集团、中浩建筑股份、广东建星建造集团、广东省八建集团、广东中人集团建设公司、广东省基础工程集团、广东省建筑工程集团、广东电白建设集团、广州市建筑集团、广东省第四建筑公司、广东世纪达建设集团、广东省第一建筑公司、广东省六建集团、广东新南方集团、广东大城建设集团等企业项目中遍地开花。目前主流的景丰VR安全体验馆有六种款式:一是纯VR体验系统(配主机、显示屏、VR头盔、VR手柄);二是VR体验系统+电动机械,三是VR体验系统+智能行走平台;四是VR体验系统+9D互动太空舱;五是VR体验系统+N个VR头盔(一个VR系统,多人同时体验);六是根据客户实际,定制开发VR系统和场景。

广东VR工地安全体验馆37个体验项目,覆盖了鹰潭地区施工现场常见的大部分安全隐患，模拟现场施工场景。在这种实体体验的学习环境中，建筑施工现场的各种禁忌和安全隐患也潜移默化地进入体验者的意识。

3.6.5　VR+文旅

VR+文旅是科技文旅的智能解决方案，也是传统旅游在市场缺失层面的有益补充，更是开拓新市场的有效方式。VR+文旅是目前市场上最具影响力的解决方案，因为VR+文旅不仅可以弥补因宣传力度不够等所遗失的旅游市场，而且可以通过自身的技术优势，促进传统旅游业的发展，为传统旅游业提供更好的辅助作用，所以景区借助VR+文旅能起到良好的引流作用，更好地提高品牌知名度和美誉度。

1. "广州 VR+文旅促进联盟"于 2019 年正式启动

为了深入推动 VR+文旅的快速融合与发展，在众领导及专家嘉宾的见证下，"广州 VR+文旅促进联盟"正式成立启动。"广州 VR+文旅促进联盟"将进一步推动高科技与文旅产业快速融合，推动高性能、高科技感、高体验性一体化的沉浸虚拟文化旅游生态产业发展，共同打造"VR+文旅"新业态，推动城市文化综合实力出新出彩。

2. 岭南股份布局 VR+文旅

岭南生态文旅股份有限公司经过 21 年的耕耘，已发展成为集生态环境与园林建设、文化旅游、投资运营为一体的全国性集团化企业。未来该公司将紧密围绕生态环境建设与修复、水务水环境治理、文化旅游三大业务板块的战略布局。

3.7 增强现实 AR 产业链图谱

3.7.1 增强现实 AR 产业链

2020 年，AR 在硬件能力、业务平台、用户基础、网络条件、内容生态等各方面都有了明显的进步，特别是随着 5G 技术的商用普及，5G + AR 也成为移动运营商业务生态链中最重要的盈利增长点之一，运营商的积极推进加之产业融合必将大力促进 AR 的快速发展。

3.7.2 2020 年 AR 市场整体趋势

2020 年，全球 AR/VR 市场相关支出规模达到 106.7 亿美元，较 2019 年同比增长 35.3%，与上期预测的涨幅 78.5% 相比降低了约一半。图 3 - 12 为 2019—2024 年中国市场 AR/VR 年增长趋势。

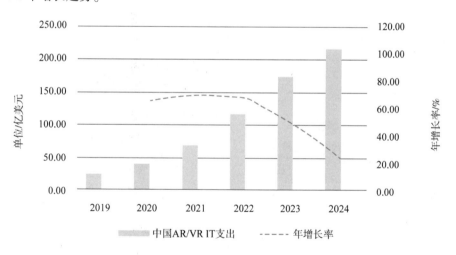

图 3 - 12 2019—2024 年中国市场 AR/VR 年增长趋势

互联网数据中心（IDC）将所有行业分为消费者、商用和公共部门。2020 年中国 AR/VR 市场规模最大的依然是消费者行业，约占总支出的 50%。中国商用领域的 AR/VR 相关投资保持增长态势。在预测期内（2020—2024 年），支出最高的商用行业依次为零售、流程制造、离散制造、建筑和个人及消费者服务。而在疫情的影响下，公共部门行业得以加速信息化发展，推动了医疗、教育、政府行业的技术落地。2020 年医疗供应成为增速最快的行业，5 年 CAGR（复合年均增长率）为 107.7%。表 3 - 18 为 2020 年中国各行业部门 AR/VR 支出规模占比。

表 3-18 2020 年中国各行业部门 AR/VR 支出规模占比

行业	消费者	分销与服务	公共部门	制造与资源	基础建设	金融
支出规模占比	49.5%	19.4%	13.8%	13.1%	2.5%	1.7%

不同机构对于 AR 市场规模的预测有所不同。高盛预计到 2025 年 AR/VR 市场将达到 800 亿美元。

3.7.3 市场行业预测

AR 市场可以划分为硬件和软件两部分。

在硬件市场中，AR 眼镜和车用 HUD 潜力巨大。在硬件产品中，AR 手机凭借其便捷的使用度和交互性，普及程度较高，但未来一段时间内市场竞争会相当激烈。车用 HUD 已经与无人驾驶和基于 LBS 地理信息定位的 AR 服务相结合，未来潜力巨大。AR 眼镜更贴合用户视觉距离，交互更好，但由于成本较高，市场普及程度较低。图 3-13 为主流增强现实产品分类。

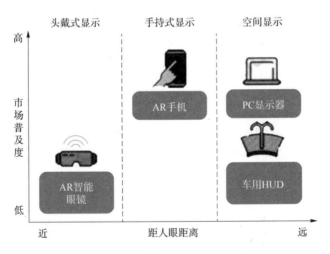

图 3-13 主流增强现实产品分类

软件市场更偏向行业应用，规模非常可观。根据高盛基于标准预期做出的预期判断，到 2025 年 AR 市场营收中 350 亿美元为软件营收，主要行业应用占到 161 亿美元，个人应用占到 189 亿美元。AR 的软件应用领域发展会受制于 AR 硬件设备的发展，但从长期来看，它的规模仍非常可观。

软件市场应用领域比较广泛，涵盖了产品包装、游戏、广告、视频、医疗、房地产、商用零售、军事、旅游等多个领域。AR 市场规模将超过 VR 市场规模。与 VR 的准入门槛相比，AR 更容易贴近消费级市场用户，其使用频率和时间也大大超过 VR，用户活跃度和变现能力更强。

以行业类别划分，AR 在 B 端市场更具有优势，其发展将超过以游戏和娱乐为主的 C 端市场。

目前放眼全国，从增强现实技术企业分布来看，广东增强现实技术企业全国最多，其中深圳企业数量第一，广州企业数量第二。广州是全国最早实现增强现实商业应用的城市之一。

在广告行业，广州是全国 4A 公司最多的城市，全国广告公司的总部大多设在广州，目前广告行业也在业务上寻求创新，这样增强现实技术可以得到充分的发挥，如产品展示、活动路演、品牌营销，等等。广告行业在转型中对增强现实技术的需要更加明显，原来的平面和视频广告都要转到多维动态、互动性强的方向上以与广告中的产品交互。

广州的游戏和动漫产业中需要大量的增强现实技术做支撑，需要在游戏中植入更多的增强现实技术，位于番禺的游戏设备公司特别多，增强现实技术为文化和旅游部要求娱乐行业转型升级提供了技术支撑。广州科技创新政策为增强现实技术的发展提供了最好时机。

3.7.4　国内外大厂商布局领域

国内外大厂主要布局在三大领域上：开发工具、平台和产品。

3.7.5　增强现实硬件产业链

2018 年，AR 行业最受关注的应该是 MagicLeap One（图 3 – 14）的发售，这个明星创业公司的产品显然没有满足用户对它的期望，反而快要到年底的时候，HoloLens 拿下了美军 4.8 亿美元的大单。很多人都说眼镜是 AR 的未来，但现在手机是 AR 最好的载体。图 3 – 15 为增强现实硬件进化。

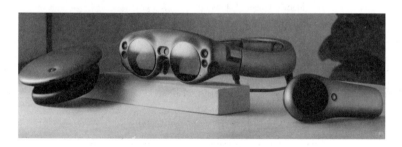

图 3 – 14　产品 MagicLeap One

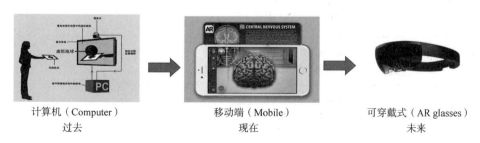

图 3 – 15　增强现实硬件进化

眼镜有天然的优势,包括视野大、解放双手、交互更自然等特点,但也受限于续航能力差、佩戴体验差等问题,短期内很难进入消费市场。当前的 AR 眼镜,更多的是聚焦垂直类行业,如工业、医疗、教育、军事、公共安全等,自 2018 年以来取得了很大的进步和发展。

据调查,中国至少有数十家企业在做与 AR 眼镜相关的业务,表 3-19 整理了国内部分知名的 AR 眼镜、光学企业。

表 3-19 国内部分知名的 AR 眼镜、光学企业

企业名称	核心产品
亮风台	HiAR Cloud AR 眼镜 G200
耐德佳	棱镜光学模组 自由曲面光学模组 NED GLASS X2 AR 眼镜
幻境科技	Minglens 明镜企业版
0glasses	Danny 2 企业级 AR 眼镜 RealX 消费级 AR 眼镜
灵犀微光	Mini – Glass 开发套件 AW – 60 光波导解决方案 AW – 70 光波导解决方案 Mini – Glass 开发套件 AW60 AR 光学解决方案
亮亮视野	GLXSS ME AR 企业级眼镜 甄探 – I AR 眼镜 GLXSS SE AR 三防/防爆眼镜 Leion AR 眼镜 LPAT 光波导模组
影创科技	JIMO MR 眼镜 Action One MR 眼镜 Halo mini AR 眼镜
枭龙科技	XLOONG 消费级 AR 眼镜 BERRY 企业级 AR 眼镜
太若科技	Nreal 消费级 AR 眼镜 Nreal 开发者套件

续表

企业名称	核心产品
Rokid	Rokid Glass AR 眼镜 AI + AR 人机交互解决方案
塔普翊海	RealMax 乾企业级 AR 眼镜
蚁视 AR	蚁视 Mix 消费级 AR 眼镜
悉见科技	SeengeneX AR 眼镜 XMAN AR 眼镜
太平洋未来	AMglass 消费级 AR 眼镜
创龙智新	MAD Gaze 企业级 AR 眼镜 MAD Gaze 消费级 AR 眼镜
光粒科技	LIGHTIN 1 消费级 AR 眼镜
宜视智能	Allgsight R1 AR 眼镜 Allgsight C1 AR 眼镜
Ximmerse	Rhino X
珑璟光电	LCE1403W 棱镜显示光学模组 LCE1801H 光波导光学模组 自由曲面光学模组
惠牛科技	共轴空导 AR 模组
理湃光晶	光波导显示模组
三极光电	全息波导光栅 全息衍射光栅 AR 视网膜投影 HOE
空杯头显	轻影智能眼镜

国内 AR 眼镜硬件厂商的投资规模都非常大，甚至是亿元起步。在消费级硬件市场没有完全成熟的情况下，做硬件是需要十足的勇气的，因为这意味着前期的投入很难产生回报，全靠融资生存下去。但是大家也很清楚，如果能够坚持到市场成熟的那一天，硬件产生的回报也将是空前绝后的。迟早有一天，AR 眼镜会像智能手机一样广泛普及，所以这会是一场持久战，坚持到最后很重要。目前国内做 AR 眼镜的有两类企业，一种是做智能眼镜，生产应用于娱乐、运动的消费级 AR 眼镜和应用于工业、医学等领域的企业级 AR 眼镜；另一种是研究光学技术、光学模组，然后出售专利技术或提供 AR 硬件模块相关解决方案。

除此之外，国内 AR 眼镜企业落地的应用以及出货量关注度高，2019 年国内 AR/MR 眼镜企业部分落地应用成功案例如表 3-20 所示，数据源于各大企业的公开信息，可供参考。

表 3-20　2019 年国内 AR/MR 眼镜企业部分落地应用成功案例

AR 眼镜品牌	落地应用	时间	订单规模
亮风台 HiAR G200	广汽本田维修	2019 年 8 月	初步引入
亮风台 HiAR G200	AR 医疗远程示教	2019 年	惠州、岳阳医院引入
0glasses	华为、江铃汽车等	2017 年	1 500 余台
0glasses	移动、电信、联通等	2019 年	累计 3 800 余台
亮亮视野 GLASS ME	AR 智能警务	2019 年	全国 30 多省市引入
亮亮视野 GLASS ME	优信二手车验车检测	2019 年 1 月	4 000 余台
灵犀微光 AW 60	突破十万片级量产能力	2018 年 7 月	较前年销量增长 2 倍
灵犀微光 MARS	AR 军用头盔光波导合作	2018 年 12 月	完成首批生产
耐德佳 NEDFPM02324	单目 AR 光学模组量产	2019 年 8 月	全球订单 1 000 余台
悉见 XMAN	夏季达沃斯论坛安保	2019 年 7 月	大连公安引入
悉见 XMAN	奔驰汽车仓库分拣项目	2019 年 6 月	奔驰汽车引入
悉见 XMAN	京东超级眼镜项目	2019 年 6 月	京东 AI 联手引入
悉见 XMAN	同济医院 5G + AR 手术	2019 年 7 月	中国电信合作引入
塔普翊海 RealMax	深圳龙岗 5G 智慧课堂	2019 年 7 月	中国移动合作引入
影创 ActionOne Pro	常州医院 5G + MR 手术	2019 年 9 月	蓝软智能合作引入
影创 ActionOne Pro	上海建平中学 MR 课堂	2019 年 5 月	MR 全息教室引入
太若 Nreal	北京五彩城 5G 快闪店	2019 年 8 月	中兴、移动合作引入
创龙智新 MAD Gaze	面向海外市场销售	2019 年	第一、二季度出货 10 000 多
太平洋未来 AM glass	欢乐谷 5G 体验乐园	2019 年 5 月	华侨城战略合作
Rokid Glass	阿里巴巴 20 周年安保	2019 年 9 月	阿里智慧园区引入
空杯轻影智能眼镜	电信线下店娱乐观影	2019 年	电信线下门店引入
联想晨星 AR	飞机制造解决方案	2018 年 11 月	上海商飞上飞引入
联想 Mirage AR	漫威复联 IP 联名游戏	2019 年 9 月	星战系列出货 40 余万

令人欣慰的是，2019 年 6 月工信部正式颁发了 5G 商用牌照，这也意味着 2019 年成为 5G 商用元年。5G 的赋能在一定程度上刺激了整个 AR 行业，通过上面的图表可以看到 AR 眼镜在教育、医学、娱乐、安防、工业方面基于 5G 的应用纷纷落地，一步一个脚印，这些企业在用实际行动让科技为人们创造更好的生活。

中国公司的 AR/MR 眼镜产品频繁亮相 AWE（世界增强现实博览会）、CES AISA（亚洲消费电子展),并且屡次获得最佳硬件奖和技术创新奖。同时 AR 行业的几家光学技术企业在几何阵列、衍射、全息光波导等多个方向不断创新,努力创造更轻薄、体验更好的光学模组解决方案。图 3-16 为 AR 眼镜产品。

图 3-16　AR 眼镜产品

3.8 增强现实 AR 演进预测

最终 AR 将被融入更多场景中，根据硬件技术目前的发展及未来的发展趋势，广州增强信息科技有限公司判断未来 AR 发展路径会经过五个阶段：

第一阶段：体验式设备 + AR 软件。即传统智能手机、计算机等硬件设备（AR 对硬件要求有三点，即输入设备摄像头、主机运算和输出设备显示屏），用户可以在此类硬件上使用并体验 AR 软件应用，应用环境有手机 AR 应用、室内外大小显示屏（LED 屏）的 AR 应用。

第二阶段：移动 AR 设备 + AR 软件。使用了 AR 定制器件的 AR 移动端设备（手机、平板电脑等），此类硬件上搭载了专用的 AR 硬件设备，如 3D 摄像头、LiDAR 激光雷达、OLED 手机屏。Google 有 Tango 手机，苹果有 iPhoneX 手机。

第三阶段：捆绑式智能眼镜。需要和智能手机或主机端捆绑使用的 AR 硬件，如飞利浦（Philips）智能眼镜，其头戴眼镜只是显示功能加手机主机。

第四阶段：独立式智能眼镜。独立使用的 AR 硬件，如微软 HoloLens。

第五阶段：融合式智能硬件。AR 技术将搭载到车载系统、道路、商场等场景中，AR 将和物联网、人工智能、5G 等融合到生活中的每个角落。

第 4 章

产业人才状况及人才培养与培训

近年来，全球虚拟现实市场规模持续增长，发展势头良好，对专业人才的需求也越来越迫切。因此，有必要广泛、深入地调研虚拟现实产业的从业现状与人力资源供需关系，把脉专业人才的培养方案和渠道，探索问题的解决对策，扬其长而避其短，以期达成产教深度融合、推动人才培养与产业需求精准对接的目标。

4.1 虚拟现实产业从业现状

4.1.1 全球市场规模持续增长，从业者供不应求

2020年，突如其来的新冠疫情对全球虚拟现实行业造成了一定程度的影响，企业停工、工厂停产、商店停业，给虚拟现实行业短期前景蒙上了阴影，但从长期来看其增长可能会更加强劲。远程协同办公、虚拟社交聚会、非接触式服务等令虚拟现实技术的需求有所上升，挑战和机遇并存将是未来一段时间内虚拟现实行业发展的趋势。

《IDC全球增强与虚拟现实支出指南》（IDC Worldwide Augmented and Virtual Reality Spending Guide, 2020V2）指出，2020年虚拟现实市场全球支出规模达到120.7亿美元，同比增长43.8%，从长远来看，IDC对全球虚拟现实市场持乐观态度。IDC预测全球VR市场总支出规模将在2020—2024年的五年期内达到54.0%的复合年均增长率，呈现出较好的发展趋势。

全球虚拟现实市场规模持续增长，亟需大量专业人才支撑虚拟现实行业发展。国际求职网站JobLift发布的英国虚拟现实求职报告数据显示，自2018年起，仅英国就有10 162个虚拟现实职位空缺，平均每月以6%的趋势增长，平均需要35天才能填补一个空缺。全球职场社交平台LinkedIn（领英）发布全球VR人才报告。数据显示，美国VR人才占全球总数40%，而中国VR人才数量占全球2%。从VR职位需求量来看，美国独占近半，中国则约占18%，紧随其后，但不排除中国VR人才数据未实时上传LinkedIn的可能性。

当前全球VR从业者主要分布在美国、英国、加拿大、德国、印度等以IT高科技为主导的创新型国家和地区。美国VR人才占全球总数的40%，其后第二梯队的英国拥有全球8%的VR人才。与这两大巨头拉开较大差距的第三梯队包括加拿大、印度、法国、德国及中国，VR人才比例介于1%~5%。在亚太地区，中国VR人才数量占全球2%，仅次于印度，紧跟其后的是新加坡、日本和韩国等国家。图4-1为当前全球VR人才分布。

4.1.2 国内市场规模跃居世界第一，从业者趋于成熟

2020年对于国内虚拟现实行业来说，是充满机遇的一年，VR设备逐渐向Inside-Out与一体化过渡，更轻更小的新一代AR设备陆续登陆市场，为消费者提供了更多平台与更多选择，5G+VR也成了过去一年虚拟现实行业的关键词。根据《IDC全球增强与虚拟现

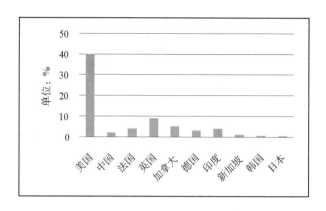

图 4-1 当前全球 VR 人才分布

实支出指南》，2020 年，中国虚拟现实市场支出总量占据了全球约 55% 的市场份额，截至 2020 年 11 月已达到 66 亿美元，较 2019 年同比增长 72.1%，在规模及涨幅方面均超越美国和日本，位列全球第一。据 IDC 预测，中国虚拟现实市场在 2020—2024 年的五年期内将保持 47.1% 的复合年均增长率。图 4-2 为 2019—2024 年中国 AR/VR 支出规模预测。

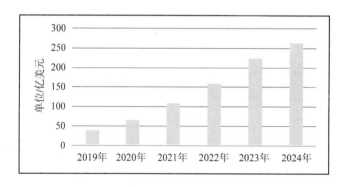

图 4-2 2019—2024 年中国 AR/VR 支出规模预测

自 2016 年虚拟现实元年开始，国内虚拟现实市场经过四年的高速发展，规模已跃居世界首位，同时也积淀了一批经验丰富的虚拟现实行业从业者。VRCORE 调查统计显示，国内虚拟现实开发者从业三年以上的已超过半数，达到 57%，这标志着国内虚拟现实从业人才趋于成熟，从业者能够在激烈的 IT 市场竞争中立足。图 4-3 为国内虚拟现实开发者从业时间。

VRCORE 调查统计显示，目前 B 端业务依然是国内虚拟现实从业者的主要收入来源，其中 B 端行业类业务占据主要地位。C 端方面，线上分发平台的重要程度要大于线下分发渠道。这一方面是因为线上用户数量逐步增长，线上 C 端市场逐渐扩大；另一方面是因为线下店在快速从小型个体体验店向大型连锁体验店转换，从而市场逐步萎缩。图 4-4 为国内虚拟现实从业者收入来源。

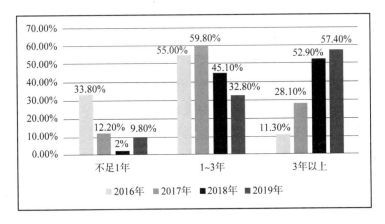

图 4-3　国内虚拟现实开发者从业时间

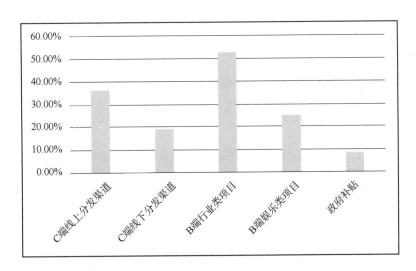

图 4-4　国内虚拟现实从业者收入来源

4.1.3　广东市场规模领先全国，从业者能力出众

广东，创业气氛浓厚，投资兴旺发达。近年来，在粤港澳大湾区建设推动下，在省内多所虚拟现实创业孵化基地和产业园的支撑下，一大批虚拟现实企业创立并快速成长。天眼查数据显示，截至2020年12月，广东省拥有虚拟现实行业企业超过3 600家，占全国虚拟现实行业企业总数的26%，仅2020年，新创虚拟现实行业企业就超过了550家。一众虚拟现实行业企业在广东茁壮成长，为广东提供了丰富的虚拟现实就业岗位。

广东虚拟现实企业涉及硬件制造、软件开发、内容制作与分发、行业解决方案与应用服务供应等诸多门类，已经覆盖了虚拟现实产业链中的全部环节。得益于强大的制造业基础、完备的电子设备供应链、便捷的国内外贸易渠道，众多虚拟现实硬件制造企业在广东落地，硬件制造在广东虚拟现实企业中占比最高，达到33%，其中，以3Glasses为代表的PCVR头显、以0glass为代表的AR头显、以酷开VR为代表的高端一体机、以UGP为代表的低端一体机、以华为VR为代表的高端移动VR眼镜、以千幻魔镜为代表的低端VR眼镜盒子，是广东较有竞争力的虚拟现实硬件产品。虚拟现实行业解决方案与应用服务供应商是广东虚拟现实企业第二大主力军，占比达到30%，其中，以VR+教育、VR+医疗、VR+房产、VR+文旅等行业解决方案尤为突出。

根据问卷调查，广东虚拟现实从业者中，涉足VR领域的人数最多，占比达到了43%，其次是MR领域，占比达到了28%，AR领域则相对较少，仅占18%。表4-1为广东虚拟现实从业者主攻领域调查统计。

表4-1 广东虚拟现实从业者主攻领域调查统计

领域	VR	MR	AR	其他
占比	43%	28%	18%	11%

在学历背景方面，广东虚拟现实从业者中具有本科层次学历背景的人数较多，达到了92.86%，其次是研究生及以上学历，达到了85.71%，虚拟现实从业者大多具备大学及以上学历背景。

表4-2 广东虚拟现实从业者教育背景调查统计

学历	研究生及以上	本科	大专	中专	其他
人数占比	85.71%	92.86%	71.43%	14.29%	14.29%

在广东，从事虚拟现实资源交互设计工作的从业者最多，占比达到了33%，3D建模和特效制作紧随其后，占比达到了31%，虚拟现实硬件制造及3D动画制作均达到了18%。表4-3为广东虚拟现实从业者人数调查统计。

表4-3 广东虚拟现实从业者人数调查统计

行业	资源交互设计	3D建模和特效制作	虚拟现实硬件制造	3D动画制作
从业人数占比	33%	31%	18%	18%

4.2 虚拟现实产业岗位人才需求

4.2.1 虚拟现实产业人才的市场需求

各国VR发展各具特色，VR人才基本任职于各大高科技公司，职能集中在计算机软件、IT技术和服务方面。从各国特色行业来看，美国的娱乐游戏和英国的设计等领域集中了大量VR人才；加拿大、日本的VR人才则在大学和研究机构中分布较多，以学术研究和高等教育领域为主；德国的VR人才除在研究机构进行研发之外，还专注于其传统强项——汽车和工程制造领域的前沿VR探索；中国的VR人才则在建筑与规划、互联网和电子产品领域占有相当大的比重。表4-4为当前美、英、德、中四国VR人才所属行业对比。

表4-4 当前美、英、德、中四国VR人才所属行业对比

国家		美国	英国	德国	中国
人才所属行业	1	计算机软件	信息技术和服务	信息技术和服务	计算机软件
	2	信息技术和服务	计算机软件	计算机软件	信息技术和服务
	3	市场营销与广告	计算机游戏	学术研究	建筑和规划
	4	娱乐	市场营销与广告	汽车	互联网
	5	计算机游戏	设计	计算机游戏	电子产品
	6	其他	其他	其他	其他

中国VR产业仍处在摸索阶段，复合型专业人才紧缺。单从绝对人数来看，正在起步期的中国VR产业似乎并不缺乏VR从业者。但高质量、专业的VR人才的储备并不完善，当前很多VR人才都是为了业务发展需求而从企业其他部门抽调来的，同时，产业生态建设和产业链部分环节的缺失，成了限制产业发展的一大重要因素。

VR的核心技术主要涉足图形图像、输入算法、交互、光学等尖端领域，对于人才的要求近乎严苛。在这个复合度极高的领域里，能专攻某一领域的专业人才本身就很少，能综合性地扎根VR领域的就更是凤毛麟角了。然而，当前VR开发人员大多是从游戏、动漫、3D仿真、模型等行业转型而来的，但由于行业技术间的差异性，人才很难快速融入VR领域。

表4-5为当前美、英、德、中四国VR人才工作职能对比。

表 4-5 当前美、英、德、中四国 VR 人才工作职能对比

国家		美国	英国	德国	中国
工作职能	1	工程	艺术和设计	工程	工程
	2	创业	工程	研究	销售
	3	信息技术	信息技术	艺术和设计	创业
	4	媒体与传播	媒体与传播	信息技术	艺术和设计
	5	艺术和设计	创业	创业	信息技术
	6	教育	教育	媒体与传播	计划和项目管理

中国 VR 产业生态系统缺失,导致销售人员占比高。该产业迅速爆发,短期内资本大量注入,商业展示、线下体验店等遍地开花,但又缺乏足够成熟的产业生态体系支持其长期发展。众多的 VR 线下体验店基本主打单一内容体验,盈利来源于消费者对于 VR 的好奇心。但单一化的内容体验能够持续多久,或许是商家最难预判的难题。因此,商家更需要的是内容提供商在内容差异化上做出更多创新,这样才能使其商业模式得到可持续发展。

从工作职能上分析,销售高居中国 VR 工作职能第二位,在全球 VR 人才职能分布中独具特色。从中也可以看出,由于中国市场在 VR 商业类展示及情景体验等方面初步展现商机,使一些企业在 VR 应用软件和内容缺乏,甚至硬件功能尚不完善的情况下,依靠销售来迅速拓展眼前的商业机会。但这并不利于 VR 产业的长期发展,为尽快缩短这一"有车没油"的发展阶段,我国需要协调发展,打造虚拟现实生态圈,在联合谷歌、苹果、微软、Facebook 和腾讯、阿里巴巴、华为、HTC 等 ICT(信息通信技术)巨头平台化策略引导下,众多中小企业围绕虚拟现实产业链特定重点领域进行软硬适配的内容生产,研发并利用各类平台化开发工具,加速制作流程,提高内容质量,降低开发门槛。

4.2.2 就业岗位及职业能力分析

由于产业涉及的技术领域太广,从虚拟现实产业的发展方向来看,人才主要从事运营/营销类、软件引擎开发类、内容开发类、产品研发类及教育培训类等五类工作。表 4-6 为虚拟现实行业就业岗位。

表 4-6 虚拟现实行业就业岗位

序号	就业岗位类型	细分岗位
1	运营类/营销类	VR 产品技术 售前/售后支持工程师
		VR 市场营销

续表

序号	就业岗位类型	细分岗位
2	软件引擎开发类	Unity3D/Unreal 开发工程师
		图形开发工程师
3	内容开发类	软件开发工程师
		主策划师
		艺术总监（建模师、动画制作师、特效师、视觉设计师）
		交互设计师
		技术美术师
		素材制作师
4	产品研发类	VR 产品经理
		项目经理
		测试工程师
5	教育培训类	VR 专业技能培训讲师
		VR 专业授课教师

运营/营销类岗位对于职业能力的要求主要集中于营销能力及沟通能力，对于 VR 产品和技术只要熟悉即可；软件引擎开发类岗位对于从业者从事 VR 内容开发的能力有一定要求，需要熟练运用工具和平台进行引擎开发、软件开发、图形开发等；内容开发类岗位需要从业者具备 VR 内容策划、内容创意与设计等方面的能力，并能够熟练使用工具完成建模、动画制作、特效制作、视觉设计、交互设计以及素材制作等任务；产品研发类岗位需要从业者具备项目管理、产品营销以及测试等能力；教育培训类岗位需要从业者具有极强的语言表达能力，精通各类 VR 开发工具及平台使用方法，并熟悉 VR 内容开发的流程，能够引导接受培训者完成一定 VR 内容的制作。

在未来瞬息万变的市场环境中，洞察新兴技能，了解行业变革和创新趋势十分重要。在领英的《未来技能趋势》中，成就未来数字化人才十大新兴技能类别中，虚拟现实产业人才在交互设计、数字营销、全栈开发三大类技能中拥有大量对口职业。当然，随着技术的进一步演变和进化，相关的职业岗位也会随之不断优化。要胜任不断发展变化的职位要求，就必须主动学习，将自己打造成适应力强、灵活度高的新型技能人才。

4.3 虚拟现实专业人才培养情况

4.3.1 广东虚拟现实人才培养背景

随着虚拟现实产业呈现爆发式增长，虚拟现实人才需求也呈井喷之势，虚拟现实相关行业人才的缺口较大。普华永道2019年11月发布的报告"Seeing is Believing（眼见为实）"显示：至2030年，我国对虚拟现实人才需求的岗位将达到682.26万个。

基于此，国家多个部委颁布了一系列政策，加强虚拟现实专业人才培养力度，为虚拟现实产业输送人才奠定基础。2019年教育部新增虚拟现实应用技术高职专业，2020年教育部新增虚拟现实技术本科专业，2020年3月，人力资源社会保障部与市场监管总局、国家统计局联合向社会发布了虚拟现实工程技术人员新职业，对其职业定义以及主要任务都做了明确的规定。目前，我国的虚拟现实专业建设与短期培训均处于起步阶段，虚拟现实人才培养存在一定的发展空间。

4.3.2 产教融合，校企合作，虚拟现实人才培养显成效

广东省作为我国的改革开放前沿和科技强省，在虚拟现实领域已成为我国重要基地。以广州、深圳为例，近年来虚拟现实企业数量不断攀升，行业性机构扮演重要角色，凭借研发、培训、孵化等专业服务，与政府、高校开展对接，被誉为中国虚拟现实产业的"风向标"。

2020年，广东省提出深化产教融合，推进"校企精准对接、精准育人"，鼓励和支持地方本科院校、职业院校按照区域发展战略和产业规划，对接区域产业链、创新链，围绕企业实际需求，联合行业企业共建技术研发与服务机构，协同开展人才培养和社会服务工作。面向虚拟现实行业剧增的人才需求，广东省依托高校和企业，坚持面向市场、服务发展、促进就业的方向，培养了众多虚拟现实专业高技能人才。

广东省作为改革开放的前沿，是国内最早研究虚拟现实技术、培养相关人才的省份之一。早在20世纪末，华南理工大学、广东工业大学等高校开始培养VR方向的研究生，广东工业大学在2004年就成立了VR实验室。历经二十余年的发展，已形成了百花齐放、校企协同的多层次VR专业人才培养的局面，如图4-5所示。此外，广东省VR企业除了与高校开展校企合作协同育人，还加强了企业内部人才培养，部分VR企业甚至面向社会提供专业培训服务。

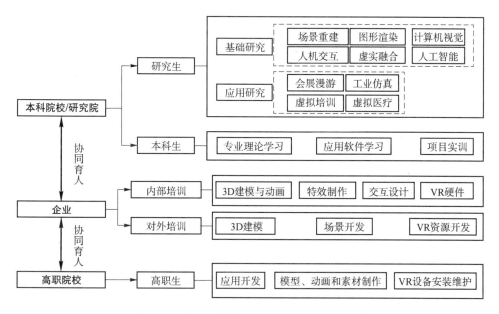

图 4-5 校企协同的多层次 VR 专业人才培养

在硕博研究生层次，广东省高校尚未设立虚拟现实相关专业，但是依托相关博士点和硕士点（表4-7），培养了一大批从事 VR 基础研究或应用研究的专业人才，主要面向人机交互、几何建模、图形渲染、虚实融合以及支撑 VR 技术的计算机视觉、数字图像处理、人工智能等方向。广东省在虚拟现实高层次人才培养方面以点带面逐步铺开，与行业密切结合，为广东虚拟现实产业发展输出了理论型和应用型的高层次人才资源。

表 4-7 博士、硕士学位点设置情况

学校/研究院	博士点	硕士点
中山大学	计算机科学与技术、电子科学与技术、信息与通信工程、软件工程	计算机科学与技术、电子科学与技术、信息与通信工程、软件工程
华南理工大学	计算机科学与技术、信息与通信工程、控制科学与工程、电子科学与技术	计算机科学与技术、信息与通信工程、控制科学与工程、电子科学与技术
暨南大学	计算机科学与技术、信息与通信工程（二级）	电子科学与技术、信息与通信工程
华南师范大学	电子科学与技术、软件工程	电子科学与技术、软件工程
广东工业大学	机械工程、控制科学与工程、信息与通信工程、计算机应用工程（二级）	机械工程、控制科学与工程、信息与通信工程、计算机科学与技术
深圳大学	信息与通信工程、计算机科学与技术	信息与通信工程、电子科学与技术、计算机科学与技术

续表

学校/研究院	博士点	硕士点
中科院深圳先进技术研究院	控制科学与工程、计算机科学与技术	控制科学与工程、计算机科学与技术
南方医科大学	生物医学工程	生物医学工程、计算机科学与技术

在本科层次，广东省高校早在十多年前就开始陆续在数字媒体技术、计算机应用等专业设置虚拟现实方向。其中，2004年广东工业大学率先在数字媒体技术专业中设置了VR方向。早期毕业的学生中，一部分已经成为行业骨干力量，一部分实现了创业梦想。近年来，针对VR产业爆发式增长、人才需求剧增的现状，国家多部委颁布了系列政策，其中就包括在本科院校和高职院校增设虚拟现实专业。广东省高校积极响应，将虚拟现实技术专业列入近期计划，据不完全统计，目前已有8家高校开展专业建设工作，预计未来每年可输出上千名应用型VR专业人才。

在高职层次，广东省高职院校积极响应2019年教育部关于新增虚拟现实应用技术高职专业的决定，迄今为止共有7所高职院校开设此专业，包括深圳职业技术学院、广东农工商职业技术学院、广东工贸职业技术学院、广东理工职业学院、广州现代信息工程职业技术学院、广东文理职业学院和广东工商职业技术大学，共招收虚拟现实应用专业学生900人。对高职生的培养侧重于技术应用，要求重点掌握VR产品策划、内容制作、VR设备安装配置与维护能力。

在VR人才培养的实践探索过程中，广东高校逐渐与企业建立双赢的校企协同育人关系。合作方式包括：共建人才培养方案及课程体系；共同培养专兼结合的"双师型"教学团队，教师赴企业挂职学习，学校邀请企业技术人员进校授课；共建VR专业教学资源，开发符合行业人才培养需求的多层级数字化教学资源，推动资源共享共用，支撑教学与实训；项目共享，企业将VR项目带入学校，学生面对真实项目开展实战训练。

校企协同育人的措施有力地促进了高素质的VR专业人才培养。但是，VR基础理论、技术发展迅猛，软件平台和设备更新换代频繁，同时VR专业开设较晚，专业培养方案、课程体系和资源条件等均有欠缺，匹配企业技能标准的教学案例不足，导致学生所学的知识技能与产业界的需求脱节。为了推进人力资源供给侧结构性改革，未来，VR专业人才培养方式仍需积极探索，学校应积极响应国家层面和广东省提出的"深化产教融合意见"，进一步推动学科专业与产业需求精准对接。

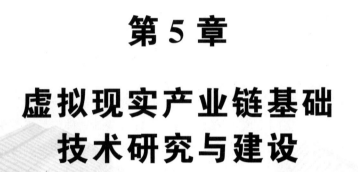

第 5 章

虚拟现实产业链基础技术研究与建设

虚拟现实产业的健康发展，离不开产业链上下游软硬件基础技术的发展。虚拟现实基础硬件包括显示、交互、空间定位、三维扫描等设备，基础软件包括三维建模软件、动效设计软件、虚拟内容场景编辑软件等。以上技术的突破，将极大地推动虚拟现实产业应用的整体提升。

5.1 虚拟现实基础软硬件技术

在虚拟现实系统中应主要营造以下几类虚拟环境：
（1）仿真模拟：模仿真实世界中的物体、环境；
（2）科幻：人类主观构造的环境；
（3）微观科学可视化：模仿真实世界中人类不可见的环境。

虚拟现实开发的基础技术包括物体与场景三维建模、三维模型表面贴图渲染与灯效设计、三维模型动效设计、虚拟场景交互设计、最终形成虚拟现实应用内容产品。虚拟现实项目开发流程如图5-1所示。在流程中需要使用专用基础软件技术的环节包括三维建模、三维模型贴图渲染、三维动效设计、虚拟场景交互设计，需要专用硬件设备的环节主要在三维建模与虚拟场景交互设计。

图5-1 虚拟现实项目开发流程

5.1.1 虚拟现实三维建模软件

根据三维建模设计软件功能特点，可大致归类为通用性3D设计软件（表5-1）和行业性3D设计软件（表5-2）。

表5-1 通用性3D设计软件

序号	软件名称	特点	开发国
1	3D Studio Max	简称3D Max，三维动画渲染和制作软件，是当今世界上销售量最大的三维建模、动画及渲染软件。应用于计算机游戏中的三维动画制作、影视片的特效制作，在应用范围方面，广泛应用于广告、影视、工业设计、建筑设计、三维动画、多媒体制作、游戏，以及工程可视化等领域	美国
2	Maya	提供完美的3D建模、动画、特效和高效的渲染功能，是世界顶级的三维动画软件，应用对象是专业的影视广告、角色动画、电影特技等	美国
3	Rhino	又叫犀牛，是一款三维建模工具。广泛应用于工业设计、建筑、家具、鞋模设计等领域，擅长产品外观造型建模	美国

续表

序号	软件名称	特点	开发国
4	ZBrush	功能强大的数字雕刻和绘画软件，兼容性好，以强大的功能和直观的工作流程著称	美国
5	Google SketchUp	直接面向设计方案创作过程的设计工具，是三维建筑设计方案创作的优秀工具	美国
6	Poser	Poser 是一款三维动物、人体造型和三维人体动画制作的极品软件。可方便地为三维人体造型增添发型、衣服、饰品等装饰，使人们的设计与创意轻松展现	美国
7	Blender	Blender 是一款开源的跨平台全能三维动画制作软件，提供从建模、动画、材质、渲染到音频处理、视频剪辑等一系列 3D 可视化动画短片制作的解决方案	荷兰
8	FormZ	FormZ 是具有很多广泛而独特的 2D、3D 形状处理和雕塑功能的多用途实体和平面建模软件	美国
9	LightWave 3D	LightWave 3D 是一款高性价比的三维动画制作软件，它的功能非常强大，是业界为数不多的几款重量级三维动画软件之一	美国

表 5-2　行业性 3D 设计软件

序号	软件名称	特点	开发国
1	Solidworks	Solidwords 是世界上第一个基于 Windows 开发的三维 CAD 系统。该软件功能强大，组件繁多，成为领先的、主流的三维 CAD 解决方案	美国
2	CATIA	CATIA 是高端的 CAD/CAE/CAM 一体化软件，能提供完整的 2D、3D、参数化混合建模及数据管理手段。作为一个完全集成化的软件系统，CATIA 将机械设计、工程分析及仿真、数控加工和 CATweb 网络应用解决方案有机地结合在一起，针对汽车、摩托车行业提供专用模块	法国
3	Unigraphics NX	简称 UG，是一款高端软件，它为用户的产品设计及加工过程提供数字化造型和验证手段。目前已经成为模具行业三维设计的主流应用之一	德国
4	Auto CAD	Auto CAD 用于二维绘图、详细绘制、设计文档和基本三维设计，现已经成为国际上广为流行的绘图工具。用于土木建筑、装饰装潢、工业制图、工程制图、电子工业、服装加工等多领域	美国

续表

序号	软件名称	特点	开发国
5	Pro/Engineer	简称 Pro/E，是 CAD、CAM、CAE 一体化的三维软件，软件以参数化著称，采用了模块方式，可以分别进行草图绘制、零件制作、装配设计、钣金设计、加工处理等，保证用户可以按照自己的需要进行选择使用，它在三维造型软件领域中占有重要地位	美国
6	Cimatron	Cimatron 提供了灵活的用户界面，提供 CAD、CAM 一体化解决方案，主要用于模具设计、模型加工，在国际上的模具制造业中备受欢迎	以色列

5.1.2 虚拟现实动效设计软件

为实现虚拟现实场景中人与物的交互，需要对场景中的人物与运动物体进行动效设计和运动控制绑定，这样才能通过虚拟现实交互设备对虚拟场景中的人物和运动物体进行运动控制和交互操作，虚拟现实动效设计软件如表 5 – 3 所示。

表 5 – 3 虚拟现实动效设计软件

序号	软件名称	特点	应用场景	开发国
1	Cult3D	Cult3D 是一个混合的三维引擎，用于在网页上建立互动的三维模型，在电子商务领域获得了广泛应用，兼容 3d Max 和 Max 模型，在商业、教育、娱乐等领域有极大的优势	适合小型产品虚拟展示应用设计	瑞典
2	Virtools	具备丰富的互动行为模块的实时 3D 环境虚拟实境编辑软件，广泛应用于网际网络、计算机游戏、多媒体、建筑设计、交互式电视、教育训练、仿真与产品展示等领域，3D 模型兼容性好	适合多媒体、游戏和虚拟现实开发	法国
3	VR – Platform	三维互动仿真平台，适用性强、操作简单、功能强大、高度可视化、所见即所得	适合做三维展示	中国
4	Quest3D	实时 VR 可视化互动制作工具，能在实时编辑环境中与对象互动，3D 模型兼容性好	3D 互动设计	荷兰
5	EON Studio	实时 3D 多媒体应用程序的软件工具，3D 模型兼容性好	3D 动画效果设计	美国

续表

序号	软件名称	特点	应用场景	开发国
6	Converse3D	三维虚拟现实平台软件，可广泛地应用于视景仿真、城市规划、室内设计、工业仿真、古迹复原、娱乐、艺术与教育等领域	虚拟 3D 视景仿真设计	中国
7	Vizard	虚拟场景构建及渲染工具，虚拟现实软硬件兼容性好	适合较复杂虚拟场景仿真设计	美国

5.1.3 虚拟现实内容开发引擎

对于大型虚拟现实内容场景设计，需要功能强大、专业的设计软件，目前应用最广泛的虚拟现实内容设计引擎主要是 Unity3D 和 Unreal Engine 引擎。虚拟现实内容设计引擎软件如表 5-4 所示。

表 5-4 虚拟现实内容设计引擎软件

序号	软件名称	特点	应用场景	开发国
1	Unity3D	简称 U3D，实时 3D 互动内容创作和运营平台，可让开发者轻松创建如三维视频游戏、建筑可视化、实时三维动画等类型互动内容的多平台的综合型游戏开发工具，是一个全面整合的专业游戏引擎	适合各种虚拟现实应用场景开发	美国
2	Unreal Engine 4	虚幻 4 引擎，简称 UE4，是一款非常专业的打造虚幻世界的游戏引擎制作工具，拥有完整开发框架，其中提供了大量的核心技术、内容创建工具以及支持基础设施的内容，物理特效尤为突出	适合各种虚拟现实应用场景开发	美国
3	Unreal Engine 5	虚幻 5 引擎是一款为所有游戏开发人士而准备的 3D 游戏引擎开发工具，在虚幻 4 引擎基础上加入了很多强大的功能，从而让用户更好地进行游戏开发。可以通过虚幻 5 引擎来完成 PC、Xbox 360、iOS 等不同平台上的游戏开发，还可以使用最为强大的光影追踪技术，让游戏画质变得更加逼真	适合各种虚拟现实应用场景开发	美国

5.1.4 虚拟现实硬件设备

虚拟现实相关硬件设备包括三维建模、三维显示设备、虚拟现实人机交互等设备。

1. 三维建模设备

三维建模所用的设备通常为三维扫描仪,也称三维立体扫描仪或3D扫描仪,用于获取物体外表面的三维坐标及物体的三维数字化模型。通过三维扫描仪非接触扫描实物模型,得到实物表面精确的三维点云数据,最终生成实物的数字模型,不仅速度快,而且精度高,几乎可以完美地复制现实世界中的任何物体,以数字化的形式逼真地重现现实世界。三维扫描仪可分为接触式与非接触式两种。接触式与非接触式三维扫描对比如表5-5所示。

表5-5 接触式与非接触式三维扫描对比

序号	扫描方式	特点	缺点
1	接触式	通过探针实际触碰物体表面的方式计算深度信息	待测物有遭到探针破坏损毁的可能,因此不适用于高价值对象如古文物、遗迹等的重建作业
2	非接触式	依靠物体表面反射光进行扫描,扫描速度快,扫描面积大,数据较为完整	对扫描物体表面的反光程度、颜色、细节位置如边界、缝隙、曲率变化、扫描头角度等有一定要求,易受环境光线及散光的影响,信号的处理比较困难

非接触式又可分为主动扫描与被动扫描方式,被动扫描方式不需要特定的光源,完全依靠物体所处的自然光条件进行扫描,常采用双目技术,但是精度低,只能扫描出有几何特征的物体,不能满足很多领域的要求。主动扫描方式是向扫描物体投射特定的能量,借由能量的反射来计算三维空间信息,常见的投射能量有一般的可见光、高能光束、超声波与X射线,其中代表技术激光线式的扫描,精度比较高,但是由于每次只能投射一条光线,所以扫描速度慢,由于激光会对生物体以及比较珍贵的物体造成伤害,所以不能应用于某些特定领域。非接触主动式三维扫描技术对比如表5-6所示。

表5-6 非接触主动式三维扫描技术对比

序号	扫描原理	优点	缺点
1	时差测距	轻便,可快速环转扫描且精度较高,每秒约可量测10 000到100 000个目标点	单点扫描,需要旋转机构配合完成快速扫描
2	三角测距	可用线形激光条纹取代单一激光光点,用激光条纹对待测物做扫描,大大加速了整个测量的进程	需摄影机追踪查找待测物上的激光光点,成本相对较高

续表

序号	扫描原理	优点	缺点
3	结构光	可以一次测量多点或大片区域,故能用于动态测量	需要图像投影装置和摄像系统,系统组成相对复杂
4	调变光	调变光源可采用激光或投影机,而激光能达到极高的精确度	对于噪声相当敏感

以三维激光扫描仪作为测绘科学的领先产品,其未来发展趋势有以下几个方面:

(1) 国产化,研制具有自主知识产权的高精度仪器;

(2) 点云数据处理软件的公用化和多功能化,实现实时数据共享及海量数据处理;

(3) 优化测量方法和算法,提高精度,如采用脉冲和相位结合的方式测量距离;

(4) 进一步扩大扫描范围,实现全圆球扫描,获得被测景物空间三维虚拟实体显示;

(5) 与其他测量设备(如 GPS、IMU、全站仪等)联合测量,实时定位导航,并扩大测程和提高精度;

(6) 与摄像机的集成化,在扫描的同时获得物体影像,提高点云数据和影像的匹配精度。

2. 三维显示设备

为了实现虚拟现实的沉浸特性,必须具备人体的感官特性,通过视觉感知外界物体的大小、明暗、颜色、动静,至少80%以上的外界信息是经视觉获得的,视觉是人和动物最重要的感觉。三维立体显示是虚拟现实的关键技术之一,以头戴立体现实为主,其他还包括全息显示、立体投影显示、裸眼3D显示等。随着人们对观影要求的不断提高,由非裸眼式向裸眼式的技术升级成为发展重点和趋势。

1) 头戴(盔)显示器(HMD)

头戴(盔)显示器利用人的左右眼获取信息差异,在脑海中产生立体感,可以使参与者暂时与现实世界隔离,而完全处于沉浸状态,成为 VR 系统不可缺少的视觉输出设备。具有小巧和封闭性强的特点,在军事训练、虚拟驾驶、虚拟城市等项目中具有广泛的应用。头戴(盔)显示器是 VR、AR 的核心关键设备。

基本参数主要包括:显示模式、显示视野、视野双目重叠、显示分辨率、眼到虚拟图像的距离、眼到目镜距离、物面距离、目标域半径、视轴间夹角、瞳孔距离、焦距、出射光瞳、图像像差、视觉扭曲矫正、质量、视频输出等。

2) 全息显示系统

全息显示是利用干涉原理,将物体发出的特定光波以干涉条纹的形式记录下来,使物光波前的全部信息都存储在记录介质中,所记录的干涉条纹图样被称为"全息图"。当用光波照射全息图时,由于衍射原理能重现出原始物光波,从而形成原物体逼真的三维像,可看到立体显示的全部特征，并有视差效应，在不同的位置上进行观察时，物体有显著的位移。

3）三维立体投影显示系统

在虚拟现实应用中用以显示实时的虚拟现实仿真应用程序，该系统主要包括专业投影显示系统、悬挂系统、成像装置等三部分，还包括桌面立体显示系统、单通道三维立体投影显示系统、双通道立体投影显示系统、多通道环幕投影立体显示系统、CAV三维立体显示系统。

投影系统分正投和背投，依据展示空间面积大小与实际需要来选择。正投系统更为紧凑，占用的空间更小，投影幕墙具有较好的稳定性。背投系统适用于空间比较大且投影前需要讲解人的场合。在众多的虚拟现实三维显示系统中，单通道三维立体投影显示系统是一种低成本、操作简便、占用空间较小、具有极好性能价格比的小型虚拟三维投影显示系统，其集成的显示系统使安装、操作使用更加容易方便，被广泛应用于高等院校和科研院所的虚拟现实实验室中。

4）裸眼3D显示

裸眼3D显示技术是一种无须佩戴眼镜的裸眼全息投影3D显示技术，在一些博物馆应用较多。裸眼全息投影设备是将不同角度影像投影至一种全息膜上，让人看不到不属于自身角度的其他图像。它实现了真正的全息立体影像，可与实物结合，如做成全息幻影舞台、产品立体360度展示、真人和虚幻人同台表演、科技馆的梦幻舞台等。适合表现细节或内部结构较丰富的个体物品，如名表、名车、珠宝、工业产品，也可表现人物、卡通等。

3. 虚拟现实人机交互设备

1）数据手套（Data Glove）

数据手套是虚拟现实交互中最常用的交互工具，可把人手姿态准确实时地传递给虚拟环境，而且能够把与虚拟物体的接触信息反馈给操作者，使操作者以更加直接、自然、有效的方式与虚拟世界进行交互，大大增强了互动性和沉浸感，特别适用于需要多自由度手模型对虚拟物体进行复杂操作的虚拟现实系统。数据手套本身不提供与空间位置相关的信息，在需要进行空间移动交互的虚拟环境中需与位置跟踪设备配套使用。

2）多自由度交互设备

多自由度（Degree of Freedom，DOF）交互设备有3DOF设备和6DOF设备，是一种可提供3个或6个自由度的交互输入设备。

3DOF是指在三维坐标系中的偏航、俯仰和横滚，有其局限性，3DOF设备用于VR系统时，使用者的位置是固定的，无法在环境中互动或四处走动，只能体验到的运动/自由度是偏航、俯仰和横滚。

6DOF是指宽度、高度、深度、俯仰角、转动角和偏转角，6DOF设备用于VR系统，使用者可以在有限的空间内自由移动、控制场景中虚拟物体的空间位置与方向。

3）操纵杆

操纵杆是一种可以提供前后左右上下6个自由度及手指按钮的外部输入设备，具有操作灵活方便、真实感强、精度高、响应速度快的特点，适合对虚拟飞行、射击游戏等的操作。

4）触觉反馈装置

触觉包括的感知内容包括接触感、质感、纹理感以及温度感等，在VR系统中如果没有触觉反馈，则失去真实感。触觉反馈主要是基于视觉、气压感、振动触感、电子触感和神经肌肉模拟等方法来实现的。

5）力觉反馈装置

由计算机通过力反馈系统对用户的手、腕、臂、身体等运动产生阻力从而使用户感受到作用力的方向和大小，现有的力反馈装置有力量反馈臂、力量反馈操纵杆、笔式6DOF游戏棒、力反馈手套等。由于人的力觉感知非常敏锐，研制高精度力反馈装置是人们面临的难题之一。

6）运动捕捉系统

在VR系统中为了实现人与VR系统的交互，必须确定参与者的头部、手、身体等位置的方向，准确地跟踪测量参与者的动作，将这些动作实时监测出来，以便将这些数据反馈给显示和控制系统。

从技术角度看，运动捕捉就是要测量、跟踪、记录物体在三维空间中的运动轨迹。典型的运动捕捉系统组成如表5-7所示。

表5-7 典型的运动捕捉系统组成

序号	类型	特点
1	传感器	被固定在物体的特定位置，捕捉运动数据信息
2	信号捕捉设备	负责获取、识别传感器的信号
3	数据传输设备	将运动数据从信号捕捉设备快速准确地传送到计算机系统
4	数据处理设备	处理系统捕捉到的运动数据信息，计算物体的运动轨迹，对数据进行修正、处理，并与三维角色模型结合

目前常用的运动捕捉技术从原理上可分为机械式、声学式、电磁式、光学式和穿戴式。运动捕捉系统技术分类如表5-8所示。

表5-8 运动捕捉系统技术分类

序号	类型	特点
1	机械式	由多个关节和刚性连杆组成，在可转动的关节中装有角度传感器，可以测得关节转动角度的变化情况，通过计算获得位置和运动轨迹。 优点：成本低、精度高、可以做到实时测量，允许多个角色同时表演。 缺点：使用起来非常不方便，机械结构对表演者的动作的阻碍和限制很大

续表

序号	类型	特点
2	声学式	由发送器、接收器和处理单元组成。接收器一般由呈三角形排列的三个声波探头组成。通过测量声波从发送器到接收器的时间或者相位差,可以计算并确定接收器的位置和方向。 优点:成本低。 缺点:对运动的捕捉有较大的延迟和滞后,实时性较差,精度较低,声源和接收器之间不能有大的遮挡物,受噪声影响和多次反射等干扰较大。由于空气中声波的速度与大气压、湿度、温度有关,所以必须在算法中做出相应的补偿
3	电磁式	由发射源、接收传感器和数据处理单元组成。发射源在空间产生按照一定时空规律分布的电磁场;接收传感器安置在表演者沿着身体的相关位置,随着表演者在电磁场中运动,通过电缆或者无线方式与数据处理单元相连。 对环境的要求比较严格,在使用场地附近不能有金属物品,否则会和电磁产生激变,影响精度。连接电缆对使用者的活动限制较大,不适用于比较剧烈的运动捕捉
4	光学式	通过对目标上特定光点的监视和跟踪来完成运动捕捉。基于计算机视觉原理,根据同一时刻两个相机所拍摄的图像和相机参数,通过三角定位算法确定光点在空间中的位置。当相机以足够高的速率连续拍摄时,从图像序列中就可以得到光点的运动轨迹。 优点:精度高,速度快,可实时捕捉运动。 缺点:设备复杂,价格昂贵,后期处理的工作量非常大,受环境光照、反射情况影响大,受遮挡影响大,装置定标也比较烦琐
5	穿戴式	穿戴式全身运动捕捉套件是 VR 系统中比较常用的人体运动捕捉设备,是根据"数据手套"的原理研制出来的,通过设置在人体主要运动部位的运动捕捉传感器,对人体骨架关节进行测量,包括头、躯干和肢体。还可以在运动捕捉套件中设置反馈装置,在身上产生压力和摩擦力,使人的感觉更加逼真。 优点:价格便宜,精度高,无遮挡,可实时捕捉运动。 缺点:自身无空间定位检测,需要额外的空间跟踪设备来配合使用

7)大空间多人定位系统

当多人在同一个 VR 空间内时,需通过大空间多人定位技术把每个人的动作实时反馈到 VR 空间中,并且可通过 HMD 看到其他人的动作,体验者与虚拟环境的交互将不再局限于头部和手部,而是可以全身融入虚拟环境,使体验者与虚拟环境实现全方位的交互。

8)眼动仪

眼动仪的结构一般包括四个系统,即光学系统、瞳孔中心坐标提取系统、视景与瞳孔坐标叠加系统和图像与数据的记录分析系统。利用眼动仪进行虚拟现实交互主要捕捉眼动的三种基本方式:注视、眼跳、追随运动等。

5.1.5 虚拟现实云服务

VR/AR 和云计算作为当前热点技术获得了广泛关注，基于这两种技术诞生了很多创新应用。随着 VR/AR 技术发展，VR/AR 应用存在大量的实时三维渲染工作，需要越来越强大的计算能力和图形处理能力，尤其是结合现实场景图形的应用需要长时间海量图像数据实时处理能力，基于本地化硬件基础的 VR/AR 设备已难以满足大规模的计算和图形处理需求，而大多数云计算模型都无法在本地化客户端设备执行，基于云计算的服务则可提供超大型的数据中心与强大的 GPU 处理能力，以及跨平台融合服务，这正是目前 VR/AR 所欠缺并急需解决的问题。云服务将为移动 VR/AR 提供高效的实时渲染解决方案，同时随着 5G 技术的成熟与普及，将有效解决数据从云端传输到设备过程中所产生的延迟问题。VR/AR 和云计算的结合将为 VR/AR 应用打开广阔的应用市场，推动 VR/AR 应用从单体服务向多终端异地远程协同方向发展。

5.2 虚拟现实技术发展路线图

5.2.1 VR 发展进程

业界对虚拟现实的界定认知由特定终端设备向联通端管云产业链条的沉浸体验演变。

虚拟现实技术发展可划分为如图 5-2 所示的五个阶段，不同发展阶段对应相应体验层次，目前处于部分沉浸期，主要表现为 1.5K～2K 单眼分辨率、100°～120°视场角、百兆码率、20 毫秒 MTP 时延、4K/90 帧率渲染处理能力、由内向外的追踪定位与沉浸声等技术指标，具体如表 5-9 所示。

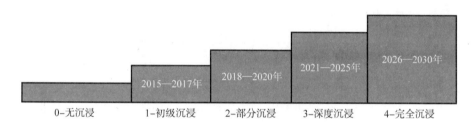

图 5-2 虚拟现实沉浸感体验演进过程

表 5-9 虚拟现实沉浸体验分级

技术体系	技术指标 体验层级	初级沉浸	部分沉浸	深度沉浸	完全沉浸
近眼技术	单眼屏幕分辨率	接近1K	1.5K～2K	3K～4K	≥8K
	视角场（FOV）	90°～100°	100°～120°	140°左右	200°
	分辨率（PPD）	≤15	15～20	30 左右	60 左右
	可变焦显示	否	否	是	是
内容制作	360°全景视频分辨率	4K	8K	12K	24K
	游戏等内容分辨率	2K	4K	8K	16K
	虚拟化身	/	/	虚拟化身	精细化虚拟化身
网络传输	码率（Mbps）弱交互	≥40	≥90	≥290/≥160	≥1 090/≥580
	码率（Mbps）强交互	≥40	≥90	≥360	≥440
	MTP 延时/毫秒	20	20	20	20
	移动性	有线连接	有线/无线并存	无线	

续表

技术体系	技术指标体验层级	初级沉浸	部分沉浸	深度沉浸	完全沉浸
渲染处理	渲染计算	2K/60FPS	4K/90FPS	8K/120FPS	16K/240FPS
	渲染优化	/	/	注视点渲染	
感知交互	追踪定位	Outside-In	Inside-Out		
	眼动交互	/	/	眼球追踪	
	声音交互	/	沉浸声	个性化沉浸声	
	触觉交互	/	触感反馈		精细化触感反馈
	移动交互	/	虚拟移动（行走重定向等）		高性能虚拟移动

5.2.2 视觉方面

目前主流的 VR 头盔的单眼分辨率为 1K~2K，显示效果已有较大程度的提升，但仍然无法达到人眼的识别分辨率要求，因此在沉浸体验中很容易看到像素点，这对使用体验来说有很大影响。另一个影响沉浸体验的重要指标是刷新率（FPS），对人眼来说 24FPS 已经能提供连续的画面、60FPS 对于绝大多数人来说已经足够流畅，但是对于 VR 沉浸体验来说，90FPS 才基本感觉不到闪烁，150~240FPS 的画面才能达到足够真实的沉浸体验，而现有主流 VR 显示设备的显示刷新率基本为 90~120FPS，相对于人眼识别极限的 1 000FPS 刷新率，现有显示技术还有巨大的技术提升空间，要达到理想的 VR 显示刷新率，对机器性能的需求和传输带宽的压力需提升 1~2 倍，在视觉上需要的计算机视觉、图像压缩编码和 3D 渲染技术等必不可少。

1. 近眼显示

变焦显示与光波导成为热点，显示计算化初见端倪。相比虚拟现实技术体系中的其他领域，近眼显示技术轨道呈现螺旋上升的发展态势，即近眼显示关键体验指标间的权衡取舍与 VR/AR 的差异化功能定位成为推动各类近眼显示技术演进突破的主要动因。其中，高角分辨率、广视场角、可变焦显示成为核心发展方向，VR 近眼显示技术侧重提高视觉沉浸体验的发展路线，AR 侧重低功耗、全天可佩戴、外观轻便的近眼显示发展路线。虚拟现实近眼显示技术产业化进程如表 5-10 所示。

表 5-10　虚拟现实近眼显示技术产业化进程

序号	技术类型	产业化进程
1	LCD 与 OLED 技术	目前快速响应液晶、AMOLED 与 OLEDoS 技术均为成熟的可量产屏幕技术，近年内依然是虚拟现实的主流显示器件
2	光波导技术（Optical Waveguide）	目前尚未确立主导地位技术方案，面临巨大的研发困难，高性能光波导从触发期发展至主流需 5~10 年
3	多焦面显示技术（Multi-Focal）	目前技术存在诸多不足，具备一定过渡性质，预判多焦面显示技术可能在达到高原期前即会过时
4	可变焦显示器技术（Varifocal）	目前已大量采用成熟的技术作为实现基础，兼顾技术实现性和量产可行性，预计 2~5 年内成为主流
5	焦面显示器技术（Focal Surface）	目前技术存在结构复杂，价格昂贵，分辨率、显示视场偏小等技术瓶颈，预计 5~10 年内有望成为主流
6	光场显示技术（Light Field）	目前方案停留在实验室阶段，其技术路径和配套设备存在大量研发瓶颈，中近期均无法量产普及

2. 渲染处理

注视点渲染与混合渲染快速升温，端云协同、软硬耦合的精细化渲染成为趋势。渲染处理领域的主要矛盾表现为用户更高的体验需求与渲染能力的不足。虚拟现实与传统内容渲染负载对比如图 5-3 所示。

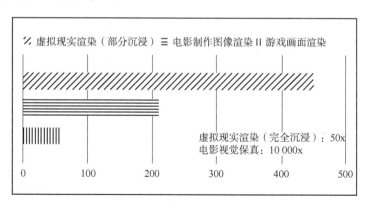

图 5-3　虚拟现实与传统内容渲染负载对比

在渲染时延帧率以及功耗开销方面，注视点渲染、云渲染、异构渲染、混合渲染等有望在 5 年内成为虚拟现实领域主流渲染技术。虚拟现实渲染处理技术产业化进程如表 5-11 所示。虚拟现实渲染处理技术路标如表 5-12 所示。

表 5-11 虚拟现实渲染处理技术产业化进程

序号	技术类型	产业化进程
1	异步时间扭曲技术	可显著改善用户转头期间难以及时渲染生成复杂内容所造成的画面卡顿问题,已成为虚拟现实渲染标配
2	多分辨率渲染技术	可渲染生成同一屏幕内差异化分辨率的内容,从而降低渲染负载,2018年推出了集成多分辨率渲染的专用芯片
3	注视点渲染技术	可显著降低注视点四周的渲染负载,最多可减少近80%画面渲染。已成为Facebook、谷歌、微软等研发力量重兵集结的必争之地,产业化进程持续加速,预计2~5年内有望成为主流
4	云渲染技术	可在低配头显上实现渲染能力更强的PC级虚拟现实沉浸体验,加速GPU云化进程,但对相关网络传输技术、GPU虚拟化、低时延编解码等领域的协同创新提出了更高的要求
5	混合渲染技术	旨在解决云渲染所引入的新增时延以及编码压缩造成的画质损失问题,将虚拟现实渲染处理拆分为云端与本地渲染协同进行,通过优化分配部分前景交互和背景环境的渲染负载,显著提升移动VR的渲染效率
6	异构渲染技术	将本地渲染处理拆分至GPU与其他计算架构单元协同进行,优化渲染时延,降低渲染功耗
7	深度学习渲染技术	人工智能在图像渲染领域的重要技术创新,可实现图像降噪、抗锯齿以及因注视点渲染带来的渲染负载减少,是目前的一个新兴的热点,但预计5年内进入技术实质应用期的可能性不高
8	光场渲染技术	可以存储空间中所有光线的方向和角度,从而产出场景中所有表面的反射和阴影,目前光场信息的采集、存储及传输面临着诸多基础研究挑战,尚处于初期探索阶段,预计10年以上有望进入主流
9	实时光线追踪技术	直接渲染镜头中的桶形失真图像,无须再对镜头畸变进行处理,从而消除了有关延迟障碍,预计5年内有望成为技术主流
10	实时路径追踪技术	可进一步提高图像的视觉保真度,业界现已可以进行实时光线追踪,但路径的实时追踪仍然存在极大挑战,预计该技术需要10年以上进入主流

表 5-12 虚拟现实渲染处理技术路标

		2019—2020 年	2021—2025 年	2025 年后
渲染处理	内容	4K 分辨率、90FPS 标配 ATW/Multiview，注视点渲染开始成熟，硬件厂商不断优化 GPU，使之满足移动平台功耗需求	8K 分辨率、120FPS 实时光线追踪日渐成熟，随着 5G 部署，低延时/高带宽网络触发云渲染与混合渲染广泛应用，深度学习渲染逐渐成熟	16K 分辨率、240FPS 内 画面视觉保真度提高，实时路径追踪与光场渲染逐渐成熟
	硬件	渲染专用芯片出现，前期采用多核 DSP/FPGA 或简单 SOC 尝试	渲染专用硬件加速芯片/IP 逐渐成熟	

5.2.3 数据传输

网联式云化虚拟现实加速发展，5G 赋能云 VR。与近眼显示领域不同，面向虚拟现实的网络传输强调基于既定技术发展轨道的"微创新"，即优化适配各类网络传输技术，打破当前"单机版"的发展定势，探索网联式云化虚拟现实技术路径，着力提升用户使用移动性，降低大众软硬件购置成本，加速虚拟现实普及推广。

虚拟现实网络传输涉及接入网、承载网、数据中心、网络运维与监控及投影、编码压缩等技术领域，有关技术产业化进程如表 5-13 所示。

在接入网方面，Wi-Fi6、5G、10G PON 有望在五年内成为面向虚拟现实业务的主流传输技术。其中，Wi-Fi 技术可实现虚拟终端的移动化（无绳化），同时技术相对成熟，应用成本低，网络改造小。

表 5-13 虚拟现实网络传输技术产业化进程

序号	技术类型	产业化进程
1	基于 802.11ac 的 Wi-Fi 技术	在 80MHz 频谱上可实现最大 1.7Gbit/s 空口速率，在无干扰的情况下，可满足虚拟现实良好体验，但同频与邻频干扰情况日趋严重，影响 VR 高带宽低时延体验需求
2	基于 802.11ax 的 Wi-Fi6 技术	具备更优抗干扰能力、传输速率与并发能力，可处理来自多个 VR 用户的不同类型的流量
3	基于 802.11a 的 WiGig 技术	可在短距离内提供超高带宽和极低的延迟的双向数据通路，在主机和 VR 头显间完成无压缩的视频传输

续表

序号	技术类型	产业化进程
4	802.11ay	具有更高传输速率与更远传输距离，可为虚拟现实极致体验的无线传输提供技术基础，当前标准尚在研讨阶段
5	GPON 技术	提供 2.5Gbit/s 带宽接入，时延小于 2 ms，能够满足少量 VR 用户承载，为满足 VR 用户规模化发展，须向更高速率的 PON 技术演进
6	5G 技术	提供超大带宽（10~20Gbit/s）、超低时延（1 ms）及超强移动性（500km/h）等网络能力，可确保虚拟现实完全沉浸体验

在承载网方面，虚拟现实业务对带宽、时延、丢包率提出更高要求，致使当前高汇聚、高收敛承载网络面临如下挑战：一是网络效率低，二是用户体验差，多种业务并发时，随着网络利用率的提升，丢包和时延会同步提升。简化传统网络架构可提供单纤超大带宽、最佳适配距离、流量无收敛、快速按需带宽的互联基础管道，提高承载网传输效率。云网协同契合承载网基于体验建网的新理念，在用户真正使用业务时才分配对应的物理管道，在沿途各节点分配资源和进行调度，业务终止时资源立即释放，满足管道按需、动态、开放、端到端发展趋势。边缘计算借助网络边缘设备一定的计算和存储能力，实现云化虚拟现实业务的实时分发。

在运维保障方面，虚拟现实运维基于产业发展和实现难度可分为手动、自动和智能运维层次。相比普通4K视频，在虚拟现实起步阶段，尚未构建 VR QOE 评估体系，基于用户投诉触发 VR 业务的手动运维。随着用户规模发展与评估体系构建，主动获取 VR 用户体验，将运维经验工具化，实现"端—管—云"的自动化运维。在自动化运维基础上，引入机器学习等人工智能技术，提供具备主动性、人性化及动态可视的智能化虚拟现实运维能力，从而实现"无人"运维。

5.2.4 感知交互

眼球追踪成为焦点，多感官交互技术路径多元化。感知交互强调与近眼显示、渲染处理与网络传输等的技术协同，通过提高视觉、触觉、听觉等多感官通道的一致性体验，以及环境理解的准确程度，实现虚拟现实"感""知"能力的持续进化。

当前，由内向外的空间位置跟踪已取代由外向内的技术路线，成为主流定位跟踪技术。继此之后，眼球追踪有望成为虚拟现实感知交互领域最为重要的发展方向之一。此外，感知交互技术在 VR、AR 领域的发展路线有所差异，就 VR 而言，侧重于多感觉通道交互。由于虚拟信息覆盖整个视野，因此重点在于现实交互信息的虚拟化。

在感知领域中，由内向外追踪定位、手势交互、机器视觉等有望在5年内成为虚拟现实主流技术。虚拟现实感知交互技术产业化进程如表5-14所示。

表5-14 虚拟现实感知交互技术产业化进程

序号	技术类型	产业化进程
1	由外向内追踪定位技术	2017年实现产品化，并开始大量用于体验馆、线下门店等商业场景
2	由内向外追踪定位技术	2018年由内向外追踪定位技术取代由外向内追踪定位技术，明确成为虚拟现实主流追踪定位技术架构
3	手势交互技术	2016年处于期望高峰，基于手柄的非裸手交互控制是主流方向，融合6DOF头动和6DOF手柄的交互路线成为发展趋势，代表厂商有Oculus Quest、Pico及Nolo、Ximmerse等
4	基于机器视觉的识别重建技术	旨在提升虚拟现实真实感，其中稠密重建技术发展较为迅速，除混合现实终端标配ToF摄像头提供稳定的高精度深度图像外，苹果、华为、OPPO等手机厂商开始采用结构光、ToF器件，这为识别和重建带来了有利的硬件基础，预计相关投资和内容开发商将快速增加

在交互领域中，沉浸声场、眼球追踪与虚拟行走等有望在5年内成为虚拟现实主流技术。

沉浸声场技术，通过设计头部相关传递函数强化视觉和听觉的一致性，以实现逼真的声音方位与远近效果。目前，英伟达、杜比、微软、谷歌、高通、Unity、Facebook及众多初创企业等纷纷布局，旨在打造符合听觉与声学特性的沉浸式声场，预计沉浸声有望在5年内成为主流。

触觉反馈技术带来的虚拟现实沉浸体验提升已成为业界共识，随着苹果Taptic Engine技术在其各类产品中的推广应用，Oculus、任天堂等采用反馈时延更短的线性马达取代传统廉价的转子马达。业界关注点聚焦通过震动和机械力模拟触觉反馈，超声波和静电力模拟触觉质地的探索尚处在实验室阶段。

眼球追踪技术，具有其他关键领域融合创新的发展潜力。在近眼显示与渲染处理领域，眼球追踪+变焦显示+注视点渲染的技术组合，可实现基于GPU渲染的画面局部模糊，兼顾渲染负载优化。在感知交互领域，眼球追踪根据人眼扫视抑制的特性，促进虚拟行走技术的发展。在考虑眼球追踪成本问题的情况下，预计该技术将在5年内成为主流。虚拟移动旨在填补目前VR领域移动交互与视觉内容适配这一技术空白，可实现大空间行走、行走重定位等。虚拟现实感知交互技术路标如表5-15所示。

表 5-15 虚拟现实感知交互技术路标

		2019—2020 年	2021—2025 年	2025 年后
感知交互	追踪定位	主机式以 Outside-In 为主，移动式以 Inside-Out 为主，准确度厘米级，精度毫米级	Inside-Out 开始成为标配，准确度和精度均达毫米级，拥有良好的鲁棒性	与场景识别和 LBS 结合
	沉浸声场	沉浸声开始推广，用户难以区分真实和模拟声音，除模拟声音方位外，可模拟基于反射、叠加、遮挡、回声等声音效果		基于个性化头部相关传递函数的沉浸声
	手势交互	准确度达厘米级，支持双手交互、单手 26DOF 跟踪	手部姿态估计完全取代手势识别	自然准确的裸手交互精度达到毫米级
	触感反馈	震动和机械力模拟触觉反馈成为主流	黏滞度模拟研究获得突破，静电力和超声波模拟触觉质地，震动反馈小型化	完美模拟触觉反馈，粗糙度、重力感、软硬度、黏滞度
	机器视觉	终端侧广泛应用，对简单表面进行稀疏重建，并指导虚拟信息简单叠加到表面	基于深度学习的语义分割开始在识别重建中频繁采用，对复杂环境稠密重建	对任意场最快速重建，可区分远近景，难以分辨虚拟叠加的画面
	眼球追踪	成本显著下降，开始进入消费者领域	眼球追踪+变焦显示+注视点渲染的技术组合实现产品化，基于眼球追踪的行走重定位快速发展	
	虚拟移动	移动交互与视觉内容适配被业界关注，在主题乐园中开始探索落地	在有限的空间场地内，无限行走，沉浸体验好，装置简便	

5.2.5 内容制作

内容交互性不断提高，助推媒体采、编、播创新。作为新一代人机交互界面，虚拟现实契合时下新媒体追求视觉沉浸感与用户交互性的发展趋势。虚拟现实内容制作技术开始广泛应用于纽约时报与 CNN 等纸媒电视、YouTube 与爱奇艺等互联网视频平台、Verizon 与中国移动等电信运营商视频网络，并在"采、编、播"环节注入了创新活力。全景拍摄、全景声采集、拼接缝合、虚拟化身、WebXR、操作系统成为虚拟现实内容制作发展热点。

在内容采集方面，用于全景拍摄的虚拟现实相机可分为手机式、一体单目式、一体多目式、阵列式、光场式等。全景相机发展呈两极化演变态势，一方面为方便更多 UGC（用户原创内容）快速便捷的制作虚拟现实内容，会朝着小型化、易用化、多功能、机内拼接、降低成本方向发展。另一方面为满足高端 PGC（专业生产内容）生产高质量视频内容,更高分辨率、自由度、更多视频格式与斯坦尼康等拍摄辅助器材支持成为又一发展路线。全景声麦克风(Ambisonic)可以采集单点所有方向的声音,作为一项既有拾音技术随着虚拟现实的兴起被业界关注,目前谷歌、Oculus已将其作为VR的声音格式。

在内容编辑方面,除全景视频所需的拼接分割外,为进一步增加内容互动性与社交性,可通过虚拟化身技术实现以机器或以真实用户为对象的模拟,目前面向虚拟现实、以用户为对象的虚拟化身技术主要有语音口型适配、面部表情追踪、基于2D照片的3D建模以及人体3D扫描四类技术路线。

在内容播放方面,WebXR技术旨在解决跨平台内容分发问题,让内容回归内容本身,对于目前硬件终端、内容服务商碎片化的发展现状,这一跨平台特性助推内容生态加速成形,目前WebXR技术向基于ARCore的WebAR及后续涉及Hololens、Magic Leap等终端平台的AR方向发展。虚拟现实内容制作技术路标如表5-16所示。

表5-16 虚拟现实内容制作技术路标

		2019—2020年	2021—2025年	2025年后
内容制作	采集	手机式、一体式全景拍摄与全景声采集开始普及,4K、30FPS	光场式全景拍摄产业化进程加速,10K、6DOF	
	编辑	高性能拼接缝合技术快速成熟,以用户为对象的虚拟化身技术加速发展	虚拟化身技术快速成熟,产业化进程加速	虚拟化身从头像到全身与五官协同模拟难辨真伪
	播放	具备稳态实时与紧耦合特性虚拟现实操作系统快速发展,OPENXR、WebXR初步确立	3D化虚拟现实操作系统加速发展,OPENXR、WebXR等助推虚拟现实内容跨平台发展	

3D化与实时性成为现有操作系统技术面向虚拟现实优化创新的重要技术方向。一方面,结合近眼显示等特点,虚拟现实OS有望成为首个3D化操作系统。另一方面,结合感知交互等需求,虚拟现实OS凸显稳态、实时、紧耦合的发展特性。

5.3 增强现实软硬件技术发展路线图

5.3.1 增强现实软件技术领域

增强现实软件可看作是未来的计算平台，其涵盖范围包括底层硬件、算法、开发工具包、平台、产品载体、内容形式等，而这些细分的领域都有着不错的发展。表 5-17 是全球最具代表性的 AR 技术研发公司及其开发平台。

表 5-17 全球移动 AR 技术研发公司及其开发平台

公司/平台	特　点
Adobe/Project Aero	开发者可以使用 Adobe 旗下的 Photoshop、Dimension CC 等应用来创建 AR 内容
Amazon/Sumerian	轻松创建和运行基于浏览器的 3D、增强现实和虚拟现实应用程序
Apple/ARKit	苹果公司推出的世界领先的增强现实开发工具，最新功能包括景深 API、位置锚定、扩展的面部追踪支持等
Epic/Unreal	基于 UE4 的 AR 开发插件
Facebook/Spark AR	可以在 Facebook 建造一款属于自己的 AR 滤镜
Google/ARCore	谷歌公司推出的搭建增强现实应用程序的软件平台，主要功能为动作捕捉、环境感知、光源感知等
PTC/Vuforia	一款被工业领域认可的 AR 开发展示工具
Snap/Lens Studio	一款桌面 AR 开发工具
Unity/AR Foundation	集成了 ARKit 和 ARCore 的基于 Unity 的跨平台 AR 开发工具
Wikitude/Wikitude	一款基于地理位置的增强实景应用
华为 AR/Cyberverse	华为发布的一项基于虚实融合的全新"数字现实"科技
商汤科技/SenseAR	SenseAR 提供平面检测、运动追踪、云锚点、手势识别等多种 AI + AR 基础能力，通过赋能移动端开发，构建增强现实体验平台
视 + AR/EasyAR	EasyAR 推出了集 AR SDK、AR 内容创作工具、AR 云识别服务、AR 运营系统为一体的开放平台及企业级解决方案
太虚 AR/Void AR	太虚 AR 是一款集成于 Unity 3D 实现增强现实的 SDK

5.3.2　AR Cloud，未来的 AR 形态

目前市场上大部分 AR 应用还是独立的存在，而且更多是"摄像增强"的效果，用户只能碎片化体验，因此 AR Cloud 成了一个重要的解决方案。

AR Cloud 的实现依赖众多基础技术，例如环境感知、视觉定位、云端存储与传输（5G 网络）以及物理世界构建（AR World Map 构建）。只有这些技术条件都满足 AR Cloud 的技术需求，才能真正实现多人互动、持久体验和共享体验，达到理想状态的 AR 效果。

环境感知：环境感知涉及的范畴很大，包含分割技术、遮挡技术，扫描技术、基于位置的服务等。行业中不同规模的企业都在开发空间感知相关的应用程序，这些应用程序都可以为增强现实技术服务。

视觉定位：谷歌地图在 AR 导航功能里提供了 Google Lens + Map + GPS 的导航模式（正在研发 VPS，亦即可以预测精确定位和方向的视觉定位系统）；Google Lens 可以在真实街景上叠加左转、右转或者前行标志，使用户更直观地了解自己该怎么去往目的地。

这些基础技术将构成未来 AR Cloud 的核心能力，当然更重要的是 AR 内容的创建。

5.3.3　5G 网络对 AR 技术的核心价值

2019 年 11 月，5G 网络商用牌照发放，中国正式进入 5G 商用时代。5G 网络对于 AR 技术最核心的价值体现在以下三个方面：

1. 网络信号定位

5G 网络定位精度远高于传统网络信号定位，对 AR 信息与现实世界信息的匹配有着非常重要的价值。

2. AR 视觉特征实时下发

在实现 AR 信息和场景融合时，设备需要处理大量的视觉特征文件。随着文件大小的不断增加，在未来设备端将无法承载文件数据，云端将代替设备端成为文件存储的地方。5G 网络的高传输速率能把视觉特征文件快速下发到本地设备端，保证了 AR 的实时性。

3. 云端渲染引擎

未来 AR 场景的渲染将在云端完成，5G 网络可以把渲染结果实时返回到设备端上，使 AR 场景更具真实感。

随着 AR 技术的不断发展，为了实现 AR 的特征点持久化、多人共享 AR 场景等要求，AR 云开始逐渐建立起来。通过 AR 云，各个行业公司的技术人员可以更加便捷地使用 AR 技术，实现营销、室内导航、图像识别、物体识别等业务，制作出更多精彩的 AR 应用，

帮助改善人们的工作、娱乐和生活。

但 AR 云真正的意义远不止如此，AR 云的提出者与推动者们，将其视为下一代互联网——空间互联网。

在空间互联网时代，我们会经历终端设备、交互方式、应用形式的全面升级。基于 AR 云，我们可以从手机屏幕的束缚中解脱出来，让网络交互的过程重新回归到现实世界。我们无须再依赖传统显示屏幕，因为在 AR 云时代，所到之处，皆是网络，所见之物，皆可互联。随着空间互联网时代的到来，AR 云会创造出比移动互联网时代更庞大的市场。对于这个时代的创业者来说，处处都有新的机会与可能。

5.3.4 总结展望

未来 AR 具有前景的领域和形态体现在三个方面：一是新形态的 AR 电商、社交、文娱、消费等；二是 AR 与物联网融合，使生活、工作、娱乐数字场景化；三是 AR 渗透城市基建部分，增强城市运作效率，保障人类安全。

增强现实现在正经历着与互联网相似的考验，人们对其态度也会从感到新奇转变为过度吹嘘，最后被大众接受，发展成为大规模的公共设施和基础设施的一部分。当增强现实的实用性达到可以扩大人类自身能力的时候，增强现实技术将会接收到来自社会信任的考验。尽管如此，增强现实对人类活动的积极影响，仍然预示着这个产业具有欣欣向荣的未来。

第 6 章

虚拟现实知识产权发展情况

近年来，广东省虚拟现实产业发展迅速，行业内涌现出很多技术成果，为行业发展和进步提供了重要支撑。本章针对广东省虚拟现实产业相关专利数据进行调研，深入分析广东省虚拟现实产业专利布局，为未来广东省虚拟现实产业的发展提供参考信息。

6.1 总体趋势

如图 6-1 所示,广东省内虚拟现实技术领域,在 2014 年之前专利年申请量较少,自 2015 年开始,该领域专利申请量激增,并在 2017 年达到 1 503 项,此后开始逐年下降。

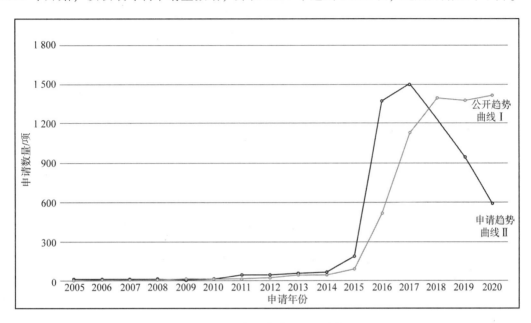

图 6-1 专利申请—公开趋势

专利一般于专利申请后 1~2 年间公开,因此,专利公开趋势在 2018 年达到顶峰,为 1 392 项;此后因专利申请量开始下降,专利公开量开始呈平稳趋势,2018—2020 年,年均公开量在 1 400 项左右。

从整体趋势可以看出,广东省内涉及虚拟现实技术领域的专利申请已度过了第一次技术爆发期,2016—2017 年正是整个行业的产品成型爆发期。在硬件或其他可能存在的技术难点尚未被突破之时,申请量将逐步稳定在年均 600~800 项并等待第二次技术爆发期。

虚拟现实专利第一次的爆发期维持时间短,申请量增长期也极短,这表明部分技术和其主体没有获得高价值发展,已有的虚拟现实专利并不能产生强大的经济效益来支撑后期的技术发展,又或者是由于软件与硬件技术内部和外部之间的壁垒,不能充分发挥专利的功效,因此,如何发挥虚拟现实专利的共享属性,通过专利运营将专利的价值变现,成为当下需要解决的问题。

6.2 技术构成

如表 6-1 所示,本领域内技术构成主要包括 G02B27/01(加盖显示器)1 654 项、G06F3/01(用于用户和计算机之间交互的输入装置或输入和输出组合装置)1 242 项、G06T19/00(对用于计算机制图的 3D 模型或图像的操作)518 项、G06K9/00(用于阅读或识别印刷或书写字符或者用于识别图形,如指纹的方法或装置)240 项,以及 G09B9/00(供教学或训练用的模拟机)167 项,等等。

表 6-1 虚拟现实主要技术领域专利数量

序号	分类号	数量/项
1	G02B27/01(加盖显示器)	1 654
2	G06F3/01(用于用户和计算机之间交互的输入装置或输入和输出组合装置)	1 242
3	G06T19/00(对用于计算机制图的 3D 模型或图像的操作)	518
4	G06K9/00(用于阅读或识别印刷或书写字符或者用于识别图形,如指纹的方法或装置)	240
5	G09B9/00(供教学或训练用的模拟机)	167
6	A63F13/28［响应于游戏设备发出的控制信号,以影响外界条件,如用于振动玩家座椅、启动气味分配器或影响温度或光线(基于游戏过程控制输出信号入 A63F13/50)］	126
7	H04L29/06(以协议为特征的)	124
8	H04L29/08(传输控制规程,如数据链级控制规程)	110
9	G02B27/22［用于产生立体或其他三维效果的(显微镜用的入 G02B21/22;观察仪器入 G02B27/02)］	100
10	G06T17/00(用于计算机制图的 3D 建模)	100
11	其余	1 709

图 6-2 反映了广东省内涉及虚拟现实技术领域的专利技术生命周期概况,生命周期分析是专利定量分析中最常用的方法之一,通过分析专利技术所处的发展阶段,推测未来技术发展方向,主要通过对专利申请量与专利申请人数量二者的时序变化进行分析,一个专利技术生命周期一般分为五个阶段:起步期、发展期、成熟期、下降期和复苏期。

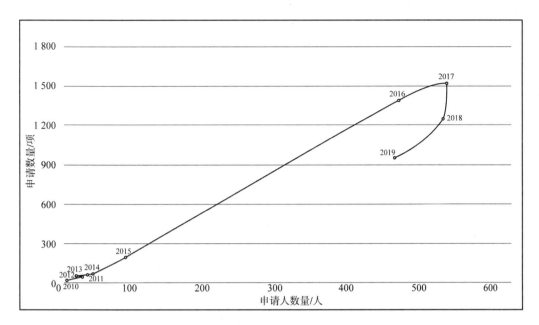

图 6-2 生命周期

起步期的专利申请量与专利申请人数量较少,集中度较高;发展期的技术有了突破性进展,市场扩大,介入的企业增多,专利申请量与专利申请人数量会急剧上升;成熟期技术趋于成熟,专利数量继续增加,但专利增加的速度变慢,申请人数基本维持不变;当技术老化后,不少企业退出,年申请量和申请人数量呈负增长,技术发展进入下降期。

广东省内涉及虚拟现实技术领域在 2005—2014 年处于发展期,2015—2017 年进入成熟期,尤其以 2017 年的市场竞争态势最为激烈,2018 年开始进入下降期。

6.3 省市分布

从全国各省市虚拟现实产业专利申请的地域分布来看,广东省以6 090项专利,在全国占比20.70%,排名第一。这说明广东省在全国虚拟现实产业的专利申请量占据绝对优势,反映出广东省在虚拟现实产业有着较为充分的研发投入,具备较好的知识产权基础,在全国虚拟现实产业和技术发展过程中具有示范作用。其他具备可观专利申请量的省市包括北京市(3 878项,13.18%)、江苏省(2 559项,8.70%)、上海市(2 067项,7.03%)、浙江省(1 772项,6.02%)以及山东省(1 537项,6.02%),如图6-3所示。

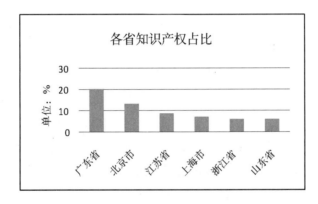

图6-3 各省知识产权占比

6.4 地市分布

图6-4可以反映出虚拟现实技术领域专利在广东省内不同地市的分布情况。深圳市以3 407项专利在全省占比54.93%，在虚拟现实技术领域处于广东省领先地位，其次为广州市（1 376项，22.18%）、东莞市（516项，8.32%）、佛山市（214项，3.45%）、珠海市（202项，3.26%），其中东莞市、佛山市得力于接近广深的地理区位优势，承接了部分产业转移，因此也存在数量可观的专利。

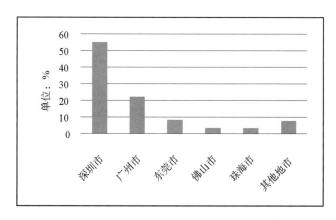

图6-4 广东省地市分布

专利申请集中于深圳、广州和东莞等地市，区域集群态势明显，这与这些地市较高的经济社会发展水平、政策和资金支持有着密切关系。同时，这也侧面反映出在广东省虚拟现实产业的发展过程中存在着地域发展不平衡的问题。

6.5 技术功效

广东省内涉及虚拟现实技术领域的专利在技术领域分布上主要集中在增强现实技术、现实系统、虚拟物体与场景、头戴设备、体验类产品或设备、光学系统及显示装置等领域,技术领域详细分布如表6-2所示。

表6-2 广东省虚拟现实相关专利技术领域分布

序号	技术领域	数量/项
1	增强现实技术	1 563
2	现实系统	1 290
3	虚拟物体与场景	1 220
4	头戴设备	1 054
5	体验类产品或设备	742
6	光学系统及显示装置	542
7	姿态测量、校正、仿真数学模型等	208
8	摄像头、光学胶层、穿透区等	169

6.6 申请人排名

如图6-5所示,广东省虚拟现实产业创新主体以企业为主,高校为辅,全省排名前10位的专利申请人有9家为企业,在创新企业分布上又以深圳企业占据主导地位,这反映出广东省的企业具有较强的研发投入力度和知识产权管理意识,虚拟现实产业技术的应用和发展与市场结合紧密,同时也反映出广东省虚拟现实产业创新在区域分布上具有较大差异。

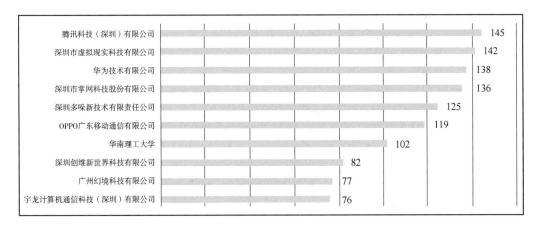

图6-5 发明专利申请人排名

6.7 重点申请人

下面分别选取深圳和广州部分代表性企业进行专利申请情况分析。

6.7.1 腾讯科技（深圳）有限公司

如图6-6所示，腾讯在本领域最早的申请记录是在2012年，在2012—2015年均保持了个位数的申请，2016—2017年出现了大量的申请记录，2018年至今申请量逐渐恢复到个位数，这基本与广东省虚拟现实技术领域的整体趋势保持一致。

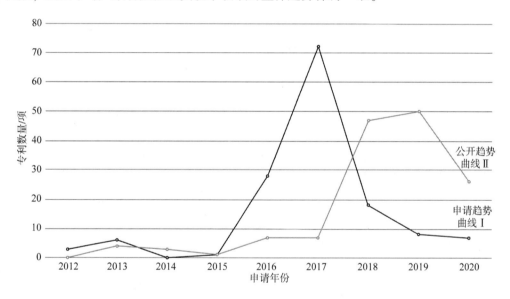

图6-6 腾讯科技（深圳）有限公司专利申请—公开趋势

腾讯在本领域内技术构成主要包括G06F3/01（用于用户和计算机之间交互的输入装置或输入和输出组合装置）49项、G06T19/00（对用于计算机制图的3D模型或图像的操作）29项、G02B27/01（加盖显示器）13项；除此以外，在G06F17/30、G06K9/00、G06F3/0481、G06T15/00、G06F3/0484、G06T7/73以及H04N21/81方面也存在少量分布。相对于广东省虚拟现实技术领域的技术构成而言，腾讯在本领域的专利主要集中于软件领域，较少涉及硬件。

腾讯在本领域持有的专利目前处于授权状态的有66项、实质审查的有66项、公开的有6项、驳回的有6项以及撤回的有1项。授权占比近半，说明整体专利稳定性及价值度较高，对于本领域相关技术开发具备较好的参考意义。

6.7.2 深圳市虚拟现实科技有限公司

如图 6-7 所示,深圳市虚拟现实科技有限公司在本领域的最早申请记录可追溯至 2014 年,相比于腾讯的专利布局较晚;专利的年申请量在 2018 年达到峰值 45 项,相对于广东省虚拟现实技术领域的整体趋势,其在 2018 年还存在增长,直至 2019 年才出现明显下跌,这反映出其技术应当以创造性较小的改进性专利为主。

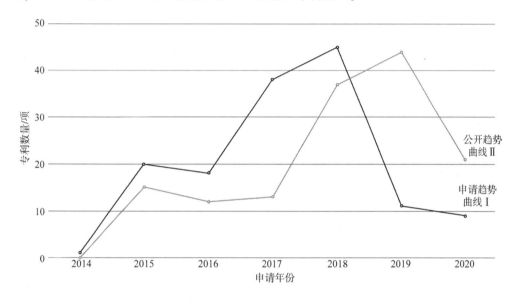

图 6-7 深圳市虚拟现实科技有限公司专利申请—公开趋势

深圳市虚拟现实科技有限公司在本领域内的技术构成主要包括 G02B27/01（加盖显示器）63 项、G06F3/01（用于用户和计算机之间交互的输入装置或输入和输出组合装置）26 项以及 G01C21/00（导航,不包含在 G01C1/00 至 G01C19/00 组中的导航仪器）12 项;除此以外,在 G01C25/00、G01C21/16、G06F3/0346、G02B27/00、G06T19/00、A63F13/21 以及 A63F13/211 方面也存在少量分布。专利主要属于硬件领域,这一点也契合专利申请的趋势。

深圳市虚拟现实科技有限公司在本领域内持有的专利目前处于授权状态的有 39 项、实质审查的有 37 项、撤回的有 37 项、公开的有 26 项以及驳回的有 3 项;撤回项较多,经分析重复申请、非正常申请占比较大,此类专利并非以授权为目的而进行的申请,因此无参考意义;针对该公司的专利仅建议关注其已授权硬件领域的专利。

6.7.3 华为技术有限公司

如图 6-8 所示,华为在本领域最早的申请记录出现在 2005 年,此后截至 2015 年均保持个位数申请，可以理解为华为在本领域布局较早，存在早期概念性或开创性的专利申请，申请量在 2019 年达到峰值 30 项，且在 2016—2019 年均保持年均 15 项以上的专利申请量，这有别于整体趋势，技术参考意义显著。

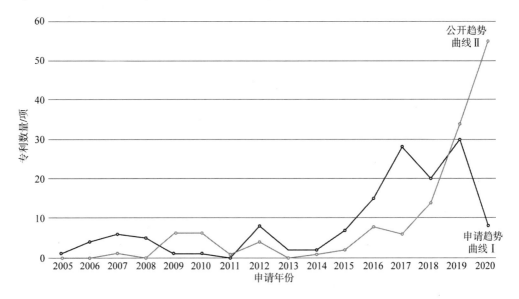

图 6-8 华为科技有限公司专利申请—公开趋势

华为在本领域内技术构成主要包括 G06F3/01（用于用户和计算机之间交互的输入装置或输入和输出组合装置）35 项、G02B27/01（加盖显示器）28 项以及 H04L29/06（以协议为特征的）12 项；除此以外，在 G06F3/0481、G06K9/00、G06T19/00、H04N21/81、G06F9/451、H04M1/02 以及 H04N13/332 方面也存在少量分布。占比前两位的技术分支囊括软件及硬件，说明华为在本领域的专利申请较为全面，涵盖了技术层到应用层的专利，具备显著参考意义。

华为在本领域持有的专利目前处于授权状态的有 50 项、实质审查的有 68 项、未缴年费的有 9 项、驳回的有 7 项、撤回的有 3 项及公开的有 1 项；授权占比 36%，且存在主动未缴年费放弃的记录，表明专利的管理性较强，存在内部审核机制，已授权专利具备显著的市场价值和稳定性；实质审查占比接近 50%，尤其对比整体趋势，处于实质审查中的部分专利应当具备一定开创性，可以代表时下软件或硬件层面的前沿技术水平，具备显著参考意义。

6.7.4 广州幻境科技有限公司

广州幻境科技有限公司于 2016 年成立，其自成立之初便开始注重知识产权的保护，从 2018 年开始，专利申请量及公开量呈稳步上升趋势，专利申请量在 2019 年达到峰值 37

项，如图6-9所示。这表明广州幻境科技有限公司在该技术领域的研发投入开始加大，逐步形成完善的专利保护网络，具有较大的技术参考意义。

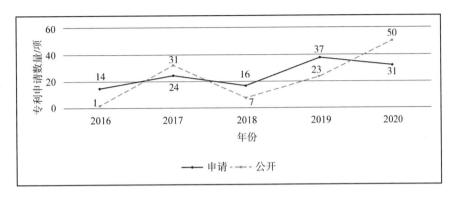

图6-9 广州幻境科技有限公司专利申请—公开趋势（发明+实用）

广州幻境科技有限公司专利技术分支囊括软件及硬件领域，但部分技术分支的专利申请数量不高，仍在该技术领域不断探索。

广州幻境科技有限公司在本领域持有的专利目前处于授权状态的有55项、实质审查的有53项、驳回的有3项、撤回的有2项。授权占比近半，说明该公司研发的专利技术具有新颖性、创造性、实用性的特点，能够适应新形势的竞争需要，价值度较高，对于本领域相关技术开发具备较好的参考意义。广州幻境科技有限公司专利技术构成分布（发明+实用）如表6-3所示。

表6-3 广州幻境科技有限公司专利技术构成分布（发明+实用）

序号	技术领域分类号	技术领域	数量/项
1	G06F3/01	用于用户和计算机之间交互的输入装置或输入和输出组合装置	24
2	G06K9/00	用于阅读或识别印刷或书写字符，或者用于识别图形，如指纹的方法或装置	11
3	G02B27/01	加盖显示器	3
4	H02J7/00	用电磁波供电或配电的系统	3
5	其他	其他	81

6.8 小　　结

广东省在全国虚拟现实产业的专利申请量占据绝对优势,这反映出广东省在虚拟现实产业有着较为充分的研发投入,具有较好的知识产权基础,在全国虚拟现实产业和技术发展过程中具有示范作用。专利申请集中于深圳、广州、东莞等地市,区域集群态势明显,与这些地市较高的经济社会发展水平、政策和资金支持有着密切关系。同时,这也从侧面反映出在广东省虚拟现实产业的发展过程中存在着地域发展不平衡的问题。广东省虚拟现实产业创新主体以企业和高校为主,全省排名前10位的专利申请人有9家为企业,这反映出广东省企业具有较强的知识产权管理意识,虚拟现实产业技术的应用和发展与市场结合紧密。

根据广东省虚拟现实技术领域的发展现状,直接相关专利主要分布于G02B27/01(加盖显示器)、G06F3/01(用于用户和计算机之间交互的输入装置或输入和输出组合装置)及G06T19/00(对用于计算机制图的3D模型或图像的操作)三个技术分支之下;其中G02B27/01侧重于硬件,即用于实现VR或AR效果的硬件终端,G06F3/01和G06T19/00侧重于软件层面的技术实现手段,以上三个技术分支可反映出广东省虚拟现实技术领域专利的重心。

侧重于软件的技术分支第一次技术爆发期已于2018年结束,目前年申请量保持平稳并呈缓慢下降态势,同时,为适应软件技术的高速发展,性能优异的硬件技术也有待进一步发展变革。由此认为广东省虚拟现实产业在等待关键性的技术革新,以实现商业层面的爆发,从而带动第二次技术爆发。

针对具体发明创造的申请,可以合理地分配各个发明创造的比例,如软件和硬件所占比重的合理划分以及技术创新点的组合申请,以便后期的专利运营及产生经济效益,实现价值变现。在虚拟现实产业中,专利技术可以带动内容和应用的发展,便于产业链下游应用的落地。随着软件技术的发展,硬件技术仍需要不断变革,且硬件市场目前占据较大份额,采用硬件技术联合软件应用技术的方式申请,能为推动专利的价值运营和市场增值助力。

针对虚拟现实产业的高价值发展,可以通过知识产权证券化的方式运营行业专利池,帮助科技企业解决融资难题,帮助专利权利人利用资本力量加速成果转化,减少科技企业对于社会资本和政府资金的依赖,最大化发挥专利的共享属性,实现知识产权证券化的增值运营。同时,知识产权证券化能够帮助企业实现虚拟现实产品的整体上下游链条的生产应用,实现更高速有效的推进作用,充分发挥虚拟现实技术的优势,打造强大的广东省虚拟现实产业链条。

注:国际专利分类表(IPC表)请参见附件一。

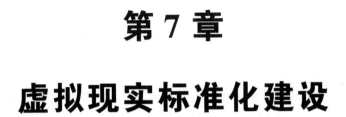

第 7 章
虚拟现实标准化建设

虚拟现实集成了多项革命性的技术，可以连接身处不同世界的人、连接人与未知世界，可以改变人的生活、工作和理解世界的方式。标准化将帮助VR产业进一步规范市场、提升互操作性、支撑新的应用场景、降低成本和风险。因此，许多国际标准化组织均开展了VR/AR/MR标准化方面的工作。

7.1 国际标准化建设情况

7.1.1 电气和电子工程师学会标准化工作

电气和电子工程师学会（IEEE）虚拟现实与增强现实标准工作组吸引了全球200多家单位参与，包括设备制造商、内容提供商、服务提供商、技术开发商、政府机构和与VR/AR相关的其他各方，从产业生态的角度为制定被广泛采用的全球标准打下了良好的基础。

电气和电子工程师协会虚拟现实与增强现实标准工作组发起了IEEE P2048系列标准，在术语与质量规范、互联互通互操作、垂直行业应用等三个方面力图通过标准化为VR产业赋能和加速，截至2020年12月，IEEE已制定发布13项VR/AR国际标准，另有约10项国际标准提案在准备立项。IEEE制定VR/AR国际标准主要分为以下三大类：

第一类是VR/AR行业或市场规范类的标准，不涉及技术协议和互操作性，而是为了应对市场上的一些混乱现象，并对此进行约束。如P2048.1标准是关于VR和AR设备的术语和定义，P2048.2标准是关于VR视频或沉浸式视频和沉浸式音频相关的分类和质量的度量等标准。

第二类是VR/AR的支撑技术标准，涉及一些互操作性。如P2048.4标准是关于在VR当中对人的身份进行识别的标准，要求在VR当中要有一套鉴别人身份的机制，与VR中一系列的商业行为紧密相关，包括支付、隐私、沉浸式视频和音频的文件格式和流格式、沉浸式用户界面与交互方式等。

第三类是VR/AR在垂直行业应用方面的标准。例如，P2048.11标准是AR车载应用标准。在车载应用中，AR的作用是提供辅助驾驶和给驾乘人员提供信息娱乐服务。

IEEE发布的13个虚拟现实和增强现实标准项目专注于不同的领域，请参见附件二了解国际虚拟现实和增强现实标准制定情况。

7.1.2 ISO/IEC JTC1/SC24 标准化工作

国际三大标准化组织分别为ISO（国际标准化组织）、IEC（国际电工委员会）、ITU（国际电信联盟）。ISO/IEC JTC1是ISO和IEC第一联合技术委员会，是当前世界上最大最活跃的标准化组织。SC24是JTC1的分技术委员会，是国内图形图像分委会的国际对口标准化组织。ISO/IEC JTC1/SC24下设四个工作组（WG）分别为WG6（混合和增强现实标识和交换工作组）、WG7（图像处理和交换工作组）、WG8（环境数据表示工作组）、

WG9（混合和增强现实概念和参考模型工作组），WG9 专门进行 AR、VR、MR 领域的标准化工作。

2016 年 8 月，第 30 届 ISO/IEC JTC1/SC24（国际标准化组织/国际电工委员会第一联合技术委员会第 24 分委会：计算机图形、图像处理和环境数据表示）全会及工作组会议在北京举行，由工业和信息化部电子工业标准化研究院承办，中国在此次会议上提交了两项标准提案，分别为 Virtual Human Interaction（《虚拟人体交互》）和 Test Automation Framework For VR（《VR 自动化测试框架》）；还提交了两份大会报告，分别为 Progress on Head Worn Display Technology for Augmented Reality（《虚拟现实头戴式显示器技术进展》）和 Virtual Reality Video Format（《虚拟现实视频格式》）。随着本次国际会议的召开，中国向虚拟现实国际标准化走出了第一步。

7.2 国内标准化情况

7.2.1 国内社会团体、联盟标准化工作开展情况

为了更好地推动团体标准化工作的开展，2016年2月，质检总局、国家标准委发布《关于培育和发展团体标准的指导意见》（国质检标联〔2016〕109号），提出建立团体标准基本信息公开制度，按意见要求，中国标准化研究院于2016年上半年在国家标准化管理委员会建立了全国团体标准信息平台（以下简称平台）并正式上线试运行。平台的运行和管理以服务团体标准化工作为目的，发布团体标准化工作相关的政策、新闻和资讯，为团体标准化工作的开展提供技术支撑，提供对团体标准获取、评价和监督的渠道，实现对社会团体和团体标准的信息管理，为社会团体和公众搭建沟通交流的平台。

2017年12月28日，由国家标准委标准信息中心具体承担建设的"全国标准信息公共服务平台"正式上线试运行。这是一个公益类标准信息公共服务平台，目标是成为国家标准、国际标准、国外标准、行业标准、地方标准、企业标准和团体标准等标准化信息资源统一入口，为用户提供"一站式"服务。

2018年1月1日，新修订的《中华人民共和国标准化法》正式实施，在第二条标准分类中，在原有的国家标准、行业标准、地方标准、企业标准外，增加了团体标准，赋予团体标准法律地位。国家鼓励学会、协会、商会、联合会、产业技术联盟等社会团体协调相关市场主体共同制定满足市场和创新需要的团体标准。在我国标准化体系中，最终形成"强制性标准守底线、推荐性标准保基本、行业标准补遗漏、企业标准强质量、团体标准搞创新"的格局。依据《中华人民共和国标准化法》，2019年1月由国家标准化管理委员会、民政部印发了《团体标准管理规定》，规定中明确指出，制定团体标准应当以满足市场和创新需要为目标，聚焦新技术、新产业、新业态和新模式，填补标准空白。国家鼓励社会团体制定高于推荐性标准技术要求的团体标准；鼓励制定具有国际领先水平的团体标准；鼓励社会团体通过标准信息公共服务平台自我声明公开其团体标准。

2020年3月10日，国家标准化管理委员会印发了《2020年全国标准化工作要点》，明确标准化工作的总体思路是：以习近平新时代中国特色社会主义思想为指导，全面贯彻党的十九大和十九届二中、三中、四中全会以及中央经济工作会议精神，认真落实中央统筹推进新冠肺炎疫情防控和经济社会发展工作部署，深入贯彻全国市场监管工作会议精神，坚持新发展理念，紧扣全面建成小康社会目标任务，围绕国家治理体系和治理能力现代化，大力推动实施标准化战略，持续深化标准化工作改革，大力推进标准制度型开放，

加快构建推动高质量发展的标准体系，充分发挥标准化在国家治理体系和治理能力现代化建设中的基础性、战略性作用。

在虚拟现实领域相关团体标准制定方面，国内各地社会团体、联盟等正有序地开展一系列虚拟现实团体标准制修订工作，虚拟现实产业联盟（IVRA）、数字音视频编解码技术标准工作组（AVS 工作组）、重庆市云计算和大数据产业协会标准化技术委员会（CQCBDS）、广东省虚拟现实产业技术创新联盟（GDVRA）、中关村现代信息消费应用产业技术联盟（INFOCA）、上海市物联网行业协会（SITIA）等均在各自领域开展了团体标准建设工作。

全国团体标准信息平台社会团体注册情况（截至 2020 年 12 月 31 日）如表 7-1 所示。按社会团体法人登记证书的发证机关统计，在国家民政部登记的社会团体共 659 家，占社会团体注册总数的 15.2%。

表 7-1　全国团体标准信息平台社会团体注册情况（截至 2020 年 12 月 31 日）

序号	社会团体登记机构	社会团体数量/个	发布团体标准数量/个
1	国家民政部登记	659	7 211
2	地方民政部门	3 675	14 139

如图 7-1 所示，从地域分布上看，广东省、浙江省、山东省、北京市等 31 个省、市、自治区的社会团体在全国团体标准信息平台注册，其中广东省社会团体注册数最多，为 625 家，占社会团体注册总数的 14.4%。

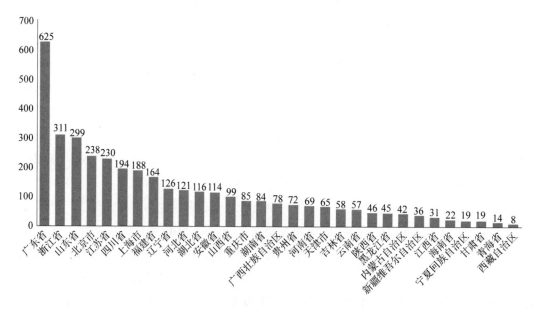

图 7-1　社会团体地域分布（截至 2020 年 12 月 31 日）

如图 7-2 所示，从国民经济行业划分来看，社会团体公布团体标准涵盖了 19 个国民经济行业分类（共 20 个国民经济行业分类），其中团体标准数量最多的是制造业，共 8 602 项，占团体标准总数的 40.3%，其次是农、林、牧、渔业类以及信息传输、软件和信息技术服务业类等行业。

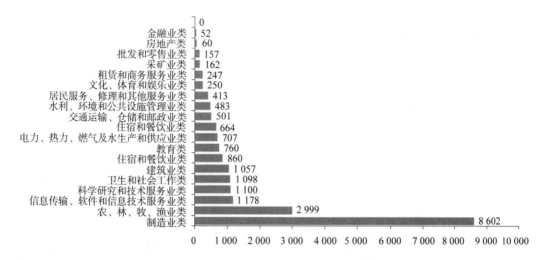

图 7-2 团体标准按国民经济行业分类分布（截至 2020 年 12 月 31 日）

如表 7-2 所示，社会团体公布的团体标准按产业和社会分布统计，其中工业类共 10 528 项标准，占比 49.31%；服务业类共 4 568 项标准，占比 21.40%；社会事业类共 3 255 项标准，占比 15.24%；农业类共 2 999 项标准，占比 14.05%。

表 7-2 团体标准按产业和社会分布统计（截至 2020 年 12 月 31 日）

序号	产业类别	数量/项	占比
1	工业类	10 528	49.31%
2	农业类	2 999	14.05%
3	社会事业类	3 255	15.24%
4	服务业类	4 568	21.40%

7.2.2 国内虚拟现实标准制修订整体情况

虚拟现实技术是引领全球新一轮产业变革的重要力量。国家因此出台了一系列政策，支持加快制定虚拟现实产业相关标准，促进产业健康发展。

2016 年 7 月国务院发布的《"十三五"国家科技创新规划的通知》指出，"基本形成虚拟现实与增强现实技术在显示、交互、内容、接口等方面的规范标准。"

2018 年 12 月，工业和信息化部发布的《工业和信息化部关于加快推进虚拟现实产业发展的指导意见》指出，"到2025年，我国虚拟现实产业整体实力进入全球前列，掌握虚拟现实关键核心专利和标准"，并重点支持虚拟现实行业构建标准规范体系，"发挥标准对产业的引导支撑作用，建立产学研用协同机制，健全虚拟现实标准和评价体系。"

2018年1月1日开始实施的新版《中华人民共和国标准化法》，在原有的国家标准、行业标准、地方标准、企业标准体系中增加了团体标准，明确赋予团体标准法律地位。团体标准也因此得到了较大的发展，2020年11月20日，广东省科协团体标准联合体成立大会在广东科学馆举行，该团体标准联合体的成立，有助于广东社团凝聚力量共同推动团体标准健康有序发展。

据不完全统计，截至2020年12月31日，虚拟现实领域标准制定主要集中于国家标准（国标）和团体标准（团标）两种类型，地方标准（地标）与行业标准（行标）相对较少（图7-3），主要集中在软硬件方面。

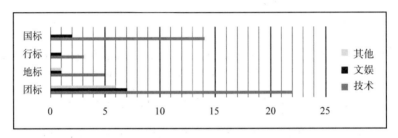

图7-3 虚拟现实行业相关标准制定情况（截至2020年12月31日）

按照发布年代进行不完全统计，虚拟现实行业相关的国家标准、行业标准、地方标准及团体标准四种类型的标准从2014年至今呈逐步增长趋势（图7-4），特别是在2018年有一个快速的增长，一半以上数量发布的是团体标准。

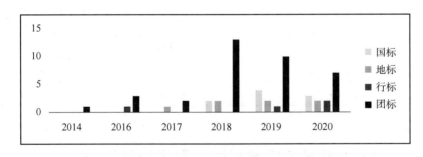

图7-4 2014—2020年四种类型标准发布的数量

注：1. 四种类型的标准指国家标准、行业标准、地方标准及团体标准；
2. 此次统计的数据不包含已获得立项的但尚未发布的四种类型的标准。

截至目前，尚无修订中或者复审的标准，主要原因可能是虚拟现实行业的相关标准大部分为近几年发布或立项的。

7.2.3 虚拟现实国家标准制修订情况

国内相关标准组织也正在积极开展 VR 标准相关制修订工作。全国信息技术标准化技术委员会（以下简称"信标委"），是从事全国信息技术领域标准化工作的技术组织，负责对 ISO/IEC JTC1（信息技术第一联合技术委员会）国际归口工作。信标委的工作范围是信息技术领域的标准化。

虚拟现实行业相关的国家标准和行业标准绝大多数是由信标委归口管理的。国家标准制修订计划主要是由其下设的三个分技术委员会执行的，三个分技术委员会分别是全国信息技术标准化技术委员会计算机图形图像处理及环境数据表示分技术委员会（以下简称信标委图形图像分委会，TC28/SC24）、全国信息技术标准化技术委员会多媒体分会（TC28/SC29）、全国信息技术标准化技术委员会用户界面分会（TC28 SC/35）。

目前，在全国标准信息公共服务平台上由全国信息技术标准化技术委员会（TC28）归口上报的国家标准共有 16 项。获国家立项及已发布的国家标准（不完全统计）如表 7 - 3 所示。

表 7 - 3 获国家立项及已发布的国家标准（不完全统计）

序号	国家标准状态	数量/项
1	已发布（含现行与即将实施）	9
2	正在审查	1
3	正在起草	5
4	正在修订	0
5	意见征集	1

注：虚拟现实国际标准详细情况请参见附件二。

7.2.4 虚拟现实行业、地方标准制修订情况

截至目前，虚拟现实领域相关行业标准可检索标准有四项：国家新闻出版署发布的新闻出版行业标准《出版物 AR 技术应用规范》（标准编号：CY/T 178—2019）、中华人民共和国工业和信息化部发布的《移动增强现实业务能力总体技术要求》（标准编号：YD/T 3078—2016）、国家国防科技工业局发布的电子行业标准《军用电子装备面向装配与维修的增强现实（AR）装配要求》（标准编号：SJ 21567—2020）和《军用电子装备面向装配与维修的增强现实（AR）数据要求》（标准编号：SJ 21566—2020）。虚拟现实领域相关行业标准（不完全统计）如表 7 - 4 所示。

表7-4 虚拟现实领域相关行业标准（不完全统计）

序号	标准名称	计划号/标准编号	起草单位	状态
1	出版物AR技术应用规范	CY/T 178—2019	中国大地出版社有限公司、中地数媒（北京）科技文化有限责任公司、苏州梦想人软件科技有限公司、中国新闻出版研究院、中国少年儿童新闻出版总社、南京大学出版研究院等	已发布
2	移动增强现实业务能力总体技术要求	YD/T 3078—2016	中兴通讯股份有限公司、中国电信集团公司、中国联合网络通信集团有限公司	已发布
3	军用电子装备面向装配与维修的增强现实（AR）数据要求	SJ 21566—2020	中国电子科技集团公司第三十八研究所、华中科技大学、西安电子科技大学	已发布
4	军用电子装备面向装配与维修的增强现实（AR）装配要求	SJ 21567—2020	中国电子科技集团公司第三十八研究所、华中科技大学、西安电子科技大学	已发布

如表7-5所示，在虚拟现实领域相关地方标准方面，吉林省发布了三项，四川省发布了两项，深圳市和江苏省各发布一项，主要涉及虚拟现实技术在文娱、旅游、心理健康领域中的应用。

表7-5 虚拟现实领域相关地方标准（不完全统计）

序号	标准名称	标准编号	起草单位	状态
1	虚拟现实影像技术规程	DB22/T 3047—2019	吉林省市场监督管理厅	已发布
2	虚拟现实技术在旅游行业应用指导规范	DB51/T 2545—2018	四川省质量技术监督局	已发布
3	虚拟现实技术在心理健康领域应用指导规范	DB51/T 2544—2018	四川省质量技术监督局	已发布
4	交互式动画影像技术规范	DB22/T 3048—2019	吉林省市场监督管理厅	已发布
5	可穿戴智能手环通用技术要求	SZDBZ 272—2017	深圳市市场监督管理局	已发布
6	交互式动画生产技术要求	DB22/T 3117—2020	吉林省市场监督管理厅	已发布
7	智能手环通用技术条件及测试方法	DB 32/T 3800—2020	江苏省市场监督管理局	已发布

7.2.5 虚拟现实行业团体标准制修订情况

据不完全统计，目前在团体标准信息平台及联盟协会官网上发布的虚拟现实领域团体标准有37项，发布机构分布如表7-6所示，主要集中在北京市、广东省、上海市、重庆市等地。

表7-6 虚拟现实团体标准发布情况（已公开，不完全统计）

序号	团体标准发布区域	数量
1	北京	18
2	重庆	6
3	广东	7
4	上海	4
5	沈阳	1
6	浙江	1

注：虚拟现实团体标准发布详细情况，请参见附件二。

7.2.6 虚拟现实相关企业标准制修订情况

据不完全统计，截至目前，在企业标准信息公共服务平台上进行自我声明公开的虚拟现实行业相关的企业标准约69项，其中广东省约42项，具体如表7-7所示。

表7-7 虚拟现实领域相关企业标准（已公开，节选，不完全统计）

序号	企业标准发布区域	数量
1	北京	5
2	重庆	1
3	福建	1
4	浙江	12
5	安徽	1
6	山东	1
7	上海	3
8	吉林	1
9	江苏	2
10	广东	42

注：虚拟现实领域相关企业标准发布详细情况，请参见附件二。

7.3 存在的问题

目前,虚拟现实尚处于产品化发展的初期阶段,显示技术、移动性、散热和续航、人机交互等问题尚未解决,标准体系尚不完善,存在一些亟待推进解决的问题。

(1) 各种 VR 业务尚处于业务模式探索阶段,相关的国家标准是近几年才陆续立项的,行业标准体系尚未建立,缺乏可依据的相关技术指导性标准规范,国家也尚未建立系统的评价指标标准体系,缺乏可依据可执行的检验检测标准规范。

(2) 据不完全统计,虚拟现实、增强现实领域团体标准总计 37 项,而各类型社会团体在全国团体标准信息平台上公布了 21 350 项团体标准,虚拟现实、增强现实领域团体标准仅占 0.173%,急需大力推进虚拟现实、增强现实领域团体标准建设。

(3) 在 VR 内容制作方面不仅有基于 PC 和手机的差别,各种外设和硬件配置也纷繁复杂。就算是同样基于手机的 VR 内容,也多是基于自身硬件设计开发,因为输入模式与操作模式的不同,难以简单地在不同设备之间通用。由于统一标准的缺乏,为适配不同应用平台,大大增加了内容的制作成本。

(4) 在硬件方面,操作设备不通用,设备接口标准不统一,各个厂家之间的操作设备不能互联互通,造成各厂家间的设备不兼容,大大限制了用户的可选范围。

(5) VR 领域缺乏成熟的普适性的操控交互手段,VR 显示终端尚处于无序发展期,各大厂家采用自身的交互方案,如眼球追踪技术、动作捕捉技术、肌电模拟技术、触觉反馈技术、语音技术、方向追踪技术、手势跟踪技术、传感器等,但大都存在一定的缺陷。

(6) 赛迪智库电子信息研究所与虚拟现实产业联盟共同发布的《虚拟现实产业发展白皮书(2019 年)》中也指出,"软件开发工具、数据接口、人体健康适用性等标准尚未明确。行业级虚拟现实软硬件标准以及工业互联网设备、产品之间标识解析、数据交换、安全通信等标准尚未出台,行业应用方对大规模使用虚拟现实产品缺乏信任。"

7.4 措施建议

大力推进标准化建设,出台支持以联盟、协会为主体的团体标准制修订扶持政策。

推动建立健全虚拟现实技术、产品、应用和系统等方面的评价指标体系,开发评价工具,建立虚拟现实应用测试试验验证平台,开展兼容性、适配性、互联互通和交互操控等方面的试验验证,保证相关产品和服务的质量。

开发适应多种设备的内容,制定标准化的内容格式规范,有利于简化内容开发团队的工作,不需要针对不同设备用户进行针对性的开发,可以大大提高内容制作的效率。制定硬件设备标准和标准化的设备接口,着力打造通用性的类似鼠标、键盘等设备,促进VR市场更好更快地发展。建立标准化的交互方式,综合各种交互方式的功能,如同触屏在移动平台一样,用户不必重复使用不同的操作方式,这对VR设备的生产和销售均会起到较大的促进作用,降低生产成本。

建立标准体系。赛迪智库电子信息研究所与虚拟现实产业联盟共同发布的《虚拟现实产业发展白皮书(2019年)》给出了相关的建议措施:加强标准体系顶层设计,着力做好基础性、公益性、关键性技术和产品的国家/行业标准制修订工作,有效支撑和服务产业,有序引导团体标准发展,着力推动标准国际化工作,加快我国国际标准化进程。

第 8 章

产业政策分析

2019年11月6日，国家发改委正式发布《产业结构调整指导目录（2019年本）》(以下简称《目录》)，旨在以供给侧结构性改革为主线，把发展经济的着力点放在实体经济上，顺应新一轮世界科技革命和产业变革。《目录》将虚拟现实、增强现实等技术的研发与应用纳入2019年"鼓励类"产业。

自2016年虚拟现实产业政策第一次出现在国家政策中以来，各省市围绕虚拟现实技术研发、产品消费、人才培育和市场应用等方面陆续出台了多项虚拟现实产业政策。

国家虚拟现实政策详细列表请参见附件三。

8.1 国家指导政策分析

8.1.1 2016年，虚拟现实第一次出现在国家政策中

在《国家创新驱动发展战略纲要》《"十三五"国家科技创新规划》和《"十三五"国家信息化规划》中，第一次提出要加强虚拟现实等一批新技术的技术研发和前沿布局，突破关键技术，形成具有自主知识产权的关键设备与规范标准。

8.1.2 2017年，出台虚拟现实政策进入细分领域的规划

除国家指导政策以外，科技部与文化和旅游部等细分部门相继出台了与虚拟现实产业相关的政策。这些政策针对细化的领域，提出了对虚拟现实等技术在内的新兴技术的发展要求，如科技部发布的《"十三五"医疗器械科技创新专项规划》《"十三五"健康产业科技创新专项规划》以及文化和旅游部发布的《文化部"十三五"时期文化产业发展规划》，均提及要大力发展虚拟/增强现实技术，并将这项技术运用到相关产业中去。而科技部联合质检总署和国家标准委共同发布的《"十三五"技术标准科技创新规划》则要求推动一系列新兴产业技术标准的优化提升，其中重点提及包括虚拟现实与增强现实在内的新一代信息技术标准。

8.1.3 2018年，提出虚拟现实在制造、教育、文化、健康、商贸等领域的具体场景应用指导意见

2018年，依照政策指引，要求相关企业深入发掘虚拟现实在制造、教育、文化、健康、商贸等领域的具体场景应用。由文化和旅游部发布的《提升假日及高峰期旅游供给品质指导意见》号召各地充分运用虚拟现实等技术，来推进智慧旅游服务水平；教育部发布的《关于发展数字经济稳定并扩大就业的指导意见》要求，积极采用虚拟现实等数字化手段，创新人才的培育培养方式。

2018年，工信部发布的《关于加快推进虚拟现实产业发展的指导意见》（以下简称《意见》）是虚拟现实产业第一份由国家部门量身定制的指导性文件，对我国虚拟现实产业的发展有着极高的指导价值。《意见》提出，到2025年，我国虚拟现实产业整体实力进入全球前列，掌握虚拟现实关键核心专利和标准，形成若干具有较强国际竞争力的虚拟现实骨干企业。

8.1.4　2019 年，虚拟现实产业被列入鼓励类产业目录

2019 年，发改委发布的《产业结构调整指导目录（2019 年本）》，把虚拟现实与增强现实产业列入产业结构调整指导的鼓励类目录，鼓励民间资本积极发展虚拟现实/增强现实产业。基于 2018 年对虚拟现实技术的应用发掘的号召，2019 年的政策对于在教育、文娱、旅游、养老等领域如何具体应用虚拟现实技术提出了明确的要求。

教育部发布的《关于职业院校专业人才培养方案制订与实施工作的指导意见》和《关于教育支持社会服务产业发展提高紧缺人才培养培训质量的意见》提出，要把虚拟现实技术应用在教育教学环节中，鼓励普通本科、高职院校增设新课程，促进虚拟现实等新领域技术在社会服务业中的应用。

科技部发布的《关于促进文化和科技深度融合的指导意见》和国务院发布的《关于进一步激发文化和旅游消费潜力的意见》，要求促进新兴科技在文化、旅游领域的应用，加强虚拟现实等高端文化装备的自主研发及产业化，发展基于虚拟现实/增强现实的文化和旅游消费内容，促进文化和旅游领域的转型升级。

民政部发布的《关于进一步扩大养老服务供给　促进养老服务消费的实施意见》，要求虚拟现实等新兴技术在养老服务领域进行深度应用和推广，并支持虚拟现实康复训练设备等高科技产品的研发，形成一批高智能、高科技、高品质的老年人康复辅具产品。

8.1.5　2020 年，国家要求加强虚拟现实产业的标准建设

2020 年颁布的虚拟现实产业政策，除延续前几年发布的部分政策外，还要求加强虚拟现实产业的标准体系建设。国家标准委发布的《国家新一代人工智能标准体系建设指南》，要求制定包括虚拟现实和增强现实在内的人工智能领域标准，为相关应用提供领域技术支撑。教育部发布的《国家开放大学综合改革方案》则延续前两年发布的政策，再次强调加强虚拟现实技术在教育方面的应用。

在民生方面，发布《关于切实解决老年人运用智能技术困难实施方案》，探索使用虚拟现实、增强现实等技术，帮助老年人便捷享受各种智能化服务。中央在 2020 年 10 月发布的《中共中央关于制定国民经济和社会发展第十四个五年规划和二〇三五年远景目标的建议》中也提到要大力发展新一代信息技术（含虚拟现实/增强现实）等产业，把虚拟现实等新兴产业的发展摆到了十分重要的位置。

8.2 广东省及其他重点省市政策分析与政策建议

近年来，全国各地均出台与虚拟现实相关的地方政策，对于如何发展、应用虚拟现实产业进行说明和规划。各省市中，虚拟现实企业最多的是广东、北京、上海和江西等地，因此我们重点分析这四个省市的相关政策，各省市虚拟现实政策文件的详细列表请参见附件四。

8.2.1 广东省

广东省政府通过对虚拟现实产业中相关企业进行补贴、减税、现金奖励的方式，推动广东省虚拟现实产业的发展。鼓励企业把虚拟现实/增强现实领域的前沿技术与传统产业和新兴产业进行结合，带动产业的融合发展。

从2019年广东省重点领域研发计划——"虚拟现实"重点专项（表8-1）中列出的七个项目中可以看出，虚拟现实产业的技术发展方向大致是向针对具体的应用场景、显示设备、人机交互系统等几个方面发展。项目1~3是面向虚拟现实技术的显示设备、人机交互系统和核心引擎关键技术平台的研发，这三个项目的研发方向与上述的部分国家、省市政策中提及的虚拟现实建模技术都属于虚拟现实技术的关键技术方向。

项目4~7都是面向具体应用场景的研发项目，这与国家和广东省颁布的政策有大部分都要求虚拟现实技术具体应用场景的政策方向不谋而合。

表8-1 2019年广东省重点领域研发计划——"虚拟现实"重点专项

编号	项目名称	支持强度
1	超大视场高清虚拟现实显示设备研发	本专题拟支持1个项目，资助额度2 000万元/项
2	大范围场景跟踪定位与自然人机交互关键技术和产品研发	本专题拟支持1个项目，资助额度1 000万元/项
3	虚拟现实核心引擎关键技术平台的研发及应用	本专题拟支持1个项目，资助额度1 000万元/项
4	高真实感虚拟化身生成与智能感知技术与应用研究	本专题拟支持1个项目，资助额度1 000万元/项

续表

编号	项目名称	支持强度
5	面向智能制造关键过程的虚实融合技术研究与应用	本专题拟支持1个项目，资助额度1 000万元/项
6	面向粤港澳历史文化保护传承的虚拟现实技术研究与应用	本专题拟支持1个项目，资助额度1 000万元/项
7	虚拟现实显示视觉健康关键技术及风险评价技术体系研究	本专题拟支持1个项目，资助额度1 000万元/项

在传统产业的应用方面，广东省发布《关于扎实推进2020年全省"12221"农产品市场体系建设工作》和《关于加快推进质量强省建设的实施方案》等政策，提出要把虚拟现实技术应用到农业等传统产业中。借助前沿技术的力量，推动传统产业的数字化改造和转型升级。

在新兴产业的应用方面，2020年5月广东省发布《广东省人民政府关于培育发展战略性支柱产业集群和战略性新兴产业集群的意见》，列出了十大战略性支柱产业集群和十大战略性新兴产业集群，在数字创意产业集群中重点提出推动虚拟现实/增强技术等新技术的深度应用。并在同年10月发布《广东省培育数字创意战略性新兴产业集群行动计划（2021—2025年）》，再次强调要加强虚拟现实等重点领域的关键核心技术的攻关，并重点支持围绕VR交互算法等技术领域开展高价值专利培育；强调要深化虚拟现实等数字技术在游戏、视频、会展、旅游等领域的应用。2018年发布的《广东省深化"互联网+先进制造业"发展工业互联网实施方案及配套政策措施的通知》中，则要求加强虚拟现实等前沿技术在工业互联网中的应用研究和探索；2019年发布的《广东省加快5G产业发展行动计划（2019—2022年）》中，提出要积极探索虚拟现实技术与5G技术的结合，并推动"5G+虚拟现实技术"在文化、教育、直播、娱乐等方面的应用。

8.2.2 北京市

北京市早在2016年，便紧跟国家政策脚步，对虚拟现实产业的发展加大财政支持力度，给予税收扶持、现金奖励等，以支持虚拟现实产业的发展。如北京中关村发布《关于促进中关村虚拟现实产业创新发展的若干措施》，对虚拟现实产业的各方面发展给予财政支持。

在技术应用方面，北京市发布《北京市教育委员会关于开展2017年度示范性虚拟仿真实验教学项目遴选推荐工作的通知》《北京市教师教育振兴行动计划实施办法（2018—2022年）》和《北京市教育委员会转发教育部关于加强和改进中小学实验教学的意见的通知》，连续三年推进虚拟现实技术在教育教学中的应用。

在 2020 年年初遭遇新冠疫情后，北京市加大面对重大灾情时虚拟现实技术的应用力度。如 2020 年发布的以《中关村科技园区管理委员会关于支持科技"战疫"、促进企业持续健康发展有关工作的通知》为代表的三份政策文件，表明北京运用虚拟现实技术抗击重大灾情的决心，也体现出 VR/AR 技术在社会特殊情况下应用前景广阔。

8.2.3 上海市

上海市通过对虚拟现实技术在相关领域的应用项目给予财政补助的方式，鼓励虚拟现实技术在上海市的落地应用。如《上海市工业互联网产业创新工程实施方案》《上海 5G 产业发展和应用创新三年行动计划（2019—2021 年）》和《上海市中等职业学校示范性虚拟仿真实训室建设指导意见》等政策对虚拟现实技术在工业互联网、5G、教育教学等方面的应用给出指导意见。

此外，上海市更关注将虚拟现实技术应用到政务工作中，如《全面推进"一网通办"加快建设智慧政府工作方案》和《上海市高级人民法院关于为上海国际航运中心建设提供司法服务与保障的若干意见》等政策明确指出，把虚拟现实等前沿技术应用到政务服务平台和法院系统平台，提升政务服务的智能化水平。

8.2.4 江西省

江西省在 2018 年 10 月举办首届世界虚拟现实产业大会后颁布一系列虚拟现实相关政策，推动江西虚拟现实产业的发展，提升省内虚拟现实产业的影响力。江西省委发布的《关于制定全省国民经济和社会发展第十四个五年规划和二〇三五年远景目标的建议》中，就强调要在江西建立世界级虚拟现实产业基地。

江西省在《江西省虚拟现实产业发展规划（2019—2023 年）》和《江西省数字经济发展三年行动计划（2020—2022 年）》等政策中，提出要重点发展虚拟现实/增强现实技术，建设虚拟现实产业基地；在《大南昌都市圈发展规划（2019—2025 年）》中，提出未来要围绕南昌市和昌北国际机场来发展虚拟现实产业。

江西省政府颁布《江西省新经济企业孵化器认定管理办法（试行）》和《加快推进虚拟现实产业发展的若干措施》等政策把扶持重心放在与虚拟现实产业相关的企业上，通过财政补助、现金奖励、政策支持等方式鼓励虚拟现实企业开展技术创新等活动，承担国家项目，推广技术应用，引进培育人才，融资上市等。

8.3 政策建议

近年来的虚拟现实产业国家指导政策要求虚拟现实技术的发展要趋向于具体应用场景，并要求对虚拟现实产业等新兴产业进行标准体系的建设。

因此，未来各省市发布的虚拟现实政策将以国家指导政策的大方向为出发点。虚拟现实行业发布的相关政策也建议与国家指导政策给出的大方向相同。可以参照电子信息产业的政策建议，针对产业发展问题进行精准施策，助推虚拟现实产业的高质量发展，具体建议如下。

8.3.1 鼓励技术研发和应用

鼓励企业积极进行科技研发，适度安排对虚拟现实技术的前瞻性开发，集中核心科研力量，以政府政策为引导，以市场应用场景为导向，力求突破VR/AR产业现存的"卡脖子"技术；加强相关知识产权的保护措施，合理进行国内外知识产权规划布局，探索结合上下游产业共同构建产业专利池，形成产业集群。

推广虚拟现实技术产品在教育、文化、健康、养老、商贸、制造、旅游等不同产业的应用。进行技术与各产业的融合发展，优先支持可进行产业化的虚拟现实技术产品落地推广，进行技术和产品的优势互补，并带动产业的结构优化和转型升级。

8.3.2 建设产学研和投融资平台

搭建虚拟现实产业的产学研交流平台，通过虚拟现实产业联盟，号召行业内企业、高校和科研机构加强产学研合作，建设产业投融资平台，吸引民间资本和外资进入市场，解决虚拟现实企业面临的资金问题，加速虚拟现实产业发展，释放市场活力与潜力。

8.3.3 构建供需端对接机制

创新社会服务方式，加强与虚拟现实企业的沟通交流，建立有效的需求对接机制。把虚拟现实的技术市场化需求传达到研发企业，把企业研发的虚拟现实科技成果转化到应用企业，实现产业链供需端的有效对接，为企业的技术研发以及成果应用提供帮助。

8.3.4 建立产业示范性基地

依托各地区的产业优势,探索虚拟现实技术与各地优势产业结合的具体应用场景,建设不同方向的虚拟现实产业应用示范基地。发挥示范基地在各地虚拟现实产业发展中的模范带头作用,引领当地产业发展,推进地方实现产业应用的差异化发展。

8.3.5 完善人才培养机制

1. 培养新鲜血液

虚拟现实产业属于新兴产业,缺乏相关技术人才,因此迫切需要完善虚拟现实领域的人才培育和引进机制。支持高校开设虚拟现实相关学科的专业并完善相应课程,借助企业的力量实施优秀人才的培育计划,建立健全的人才鼓励和保障政策,吸引虚拟现实领域的尖端人才创新创业。

2. 培训从业人员

加强业界的交流并积极了解行业中相关从业人员的需求,在此基础上制订针对现有从业人员的培训计划,加强对从业人员的核心技能培养,确保从业人员能够满足虚拟现实领域发展过程中不断变化的需求。既要培养高素质的高端技术人才,又要培养经验丰富的市场从业人员。

8.3.6 标准体系建设

指导制定虚拟现实领域的标准,积极鼓励国内虚拟现实企业参与标准的修订,建设兼容性强、适配性高的标准规范体系。体系建设标准包括内容制作、3D环境理解、3D交互理解等标准的研制。鼓励支持行业标准能够有效支撑行业整体发展,并着力推动标准国际化工作,加快我国虚拟现实产业的国际化进程,提升我国虚拟现实行业在国际标准化领域的地位。

第 9 章

投融资分析

2020 年，受新冠疫情影响，全球经济形势急转直下。VR/AR 作为新兴科技产业，企业规模普遍较小，抗风险能力较低，对外部融资依赖性较高。从全球来看，在 2020 年上半年融资并购金额和数量都大幅萎缩的情况下，下半年市场回暖，全年依然实现了较 2019 年的正增长。中国市场则表现得较为挣扎，全球融资并购金额较 2019 年降低了一半，自 2017 年以来，VR 市场热度消退，国内资本仍处在谨慎的观察状态。

9.1 2020年全球VR/AR融资并购概况

全球VR/AR产业起步于2015年，在2016年、2017年达到峰值，2018年资本热度消退进入低谷，2019年以来处于稳步上升阶段。全球VR/AR融资并购金额及数量如图9-1所示。

2020年在疫情隔绝社交的情况下，依然实现了较2019年的正增长。2020年共实现融资并购220起，合计金额244亿元，较2019年分别增长了15%和11%，体现出了全球资本对产业发展前景的认可。

2020年上半年受疫情影响，全球VR/AR市场较为低迷，下半年呈现明显的回暖趋势，5月、7月、9月融资并购金额较高，其中包括几笔大的交易事件，比如苹果1亿美元收购NextVR、谷歌1.8亿美金收购AR眼镜厂商North等。2020年全球VR/AR月度融资金额及数量如图9-2所示。2020年全球VR/AR融资并购情况如表9-1所示。

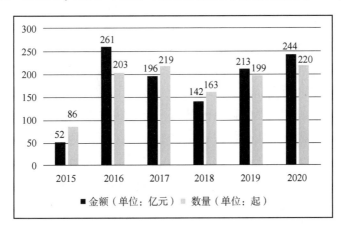

图9-1 全球VR/AR融资并购金额及数量

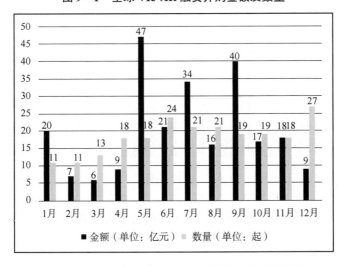

图9-2 2020年全球VR/AR月度融资金额及数量

表9-1　2020年全球VR/AR融资并购情况

融资/并购方	金额	投资/收购方	细分领域
Magic Leap	3.5亿美元战略融资	Zimmer Bioment领投	AR眼镜
North	1.8亿美元收购	谷歌收购	AR眼镜
AI Factory	1.66亿美元收购	Snapchat收购	AR工具软件
Ubimax	1.56亿美元收购	Teamviewer收购	XR解决方案商
Inuitive	1.06亿美元E轮	银牛微电子领投	芯片
NextVR	1亿美元收购	苹果收购	XR直播
Coatsink	8 500万美元收购	Thunderful收购	VR游戏开发商
Scandit	8 000万美元C轮	GZVP领投	XR解决方案商

2020年全球VR/AR行业依然是硬件和应用两大产业链环节获得更高的融资并购金额，增长率都在30%左右。硬件以AR眼镜、光学器件为主，占比超过40%。近三年"软件+内容"获得的融资并购金额占比在30%左右。全球VR/AR产业链环节融资并购金额如图9-3所示。2020年全球VR/AR硬件领域分布情况如图9-4所示。

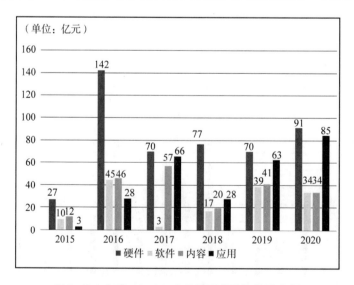

图9-3　全球VR/AR产业链环节融资并购金额

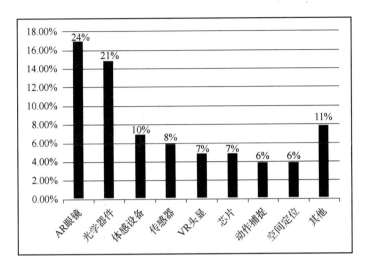

图 9-4　2020 年全球 VR/AR 硬件领域分布情况

9.2 2020年中国VR/AR融资并购概况

2020年中国融资并购数量基本与前两年保持一致,市场依然保持一定的活跃度,但融资并购金额受疫情影响大幅降低。2016年中国融资并购金额及数量达到峰值,自2017年以来,市场信心始终处在修复过程中。中国VR/AR融资并购金额及数量如图9-5所示。

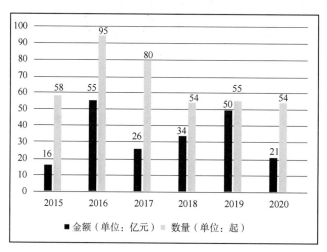

图9-5　中国VR/AR融资并购金额及数量

2020年国内融资并购还是以芯片、AR眼镜、光学器件等硬件为主,包括星辰科技、鲲游光电等上游硬件企业及Nreal、小派科技等终端硬件企业。由于国内VR/AR行业发展较早,资本偏好于确定性更高的硬件领域,不同于欧美等发达市场,鲜有应用、内容为主的企业获得大额融资。2020年VR/AR融资并购细分领域数量如图9-6所示。2020年中国VR/AR企业大额融资榜单如表9-2所示。

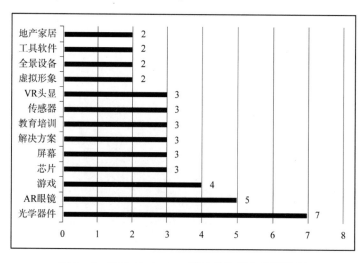

图9-6　2020年VR/AR融资并购细分领域数量

表 9-2 2020 年中国 VR/AR 企业大额融资榜单

融资/并购方	金额	投资/并购方	细分领域
微美全息	4 亿元	公开增发	AR 广告
星辰科技	3.2 亿元	深创投、中金等联合收购	芯片
Nreal	2.4 亿元 B 轮	快手、红杉等	AR 眼镜
鲲游光电	2 亿元 B 轮	愉悦资本、招银国际等	光学器件
小派科技	1.2 亿元 B 轮	创东方、泰豪集团等	VR 头显
Insta360	上亿元 D 轮	中信证券、金石资本等	全景相机
MAD Gaze	1.3 亿元	DNS、Black30 Venture	AR 眼镜
睿悦信息	上亿元 C 轮	华强资本	工具软件

9.3　2020年VR行业企业投融资案例

9.3.1　上市公司中，VR收入占比较高的代表性公司

（1）歌尔股份（002241）全球VR设备第一代工龙头，是Oculus和Sony VR设备的核心供应商。2020年未发生融资并购行为。

（2）利亚德（300296）目前公司拥有全球领先的光学动作捕捉技术，全球市场占有率第一。2020年未发生融资并购行为。

（3）风语筑（603466）公司持续布局"5G + VR/AR/MR + 4K/8K + AI"在线上场景的应用。2020年未发生融资并购行为。

（4）全景影像品牌Insta360所属的影石创新科技股份有限公司科创板IPO获得受理。招股书显示，本次IPO影石创新拟发行股份不超过4 000万股，计划募集约4.64亿元资金。资金计划用于智能影像设备生产基地建设项目及影石创新深圳研发中心建设项目。

（5）佳创视讯（300264）是国内最大的VR内容制作公司，公司将与吉视传媒股份有限公司、陕西广电网络传媒（集团）股份有限公司、山东广电网络有限公司滨州分公司分别在陕西省全省范围、吉林省全省范围、山东省滨州市实现商业化运营落地，"佳创VR专区"正式开始运营收费，公司率先在广电行业实现了VR商业化运营。

（6）世纪华通（002602）拟通过全资子公司华通创投与普通合伙人时代伯乐、盛趣股权，以及有限合伙人江西省发展升级引导基金，联合发起设立虚拟现实产业基金，主要投向虚拟现实产业链。基金总规模30亿元，首期规模10亿元，二期规模20亿元。其中，首期基金华通创投作为有限合伙人出资68 900万元、盛趣股权作为普通合伙人出资100万元。

9.3.2　未上市公司中，硬件设备供应商获得融资的数量居多

（1）珑璟光电在2020年完成了B1至B3轮融资，累计融资额数千万元。深圳珑璟光电科技有限公司成立于2014年，是一家以光波导技术为核心的AR光学模组供应商，本轮融资后，珑璟光电将继续投资阵列光波导的研发和生产，同时持续加大在浮雕光栅光波导和体全息光波导等新技术路径的研发和工艺的投入，以加速其产业化的进程，为客户提供更多的光波导产品选择。

（2）创龙智新获得DNS和Black30 Venture合计投资的1.3亿元，新一轮融资将用于继续研发第5代智能眼镜、新的光学技术、AR底层技术算法、智能手表及市场拓展。深

圳创龙智新科技有限公司成立于 2015 年，公司产品主打 C 端市场，主要集中在娱乐、工作和游戏场景。团队构建的 AR 生态圈包括 APP 商城 MAD Store、全自动 AR APP 生成平台 AR Cloud、开发者平台 Developer Console、远程解决方案平台 Me Support，将智能眼镜整体解决方案导入更多产业。

（3）Insta360 完成数千万美元 D 轮融资，投资方为中信证券、金石资本、招商局伊敦基金、招商局中国基金、基石资本与利得资本，影石创新科技股份有限公司成立于 2015 年，已先后获得数亿元融资，产品出货量已近百万台量级。Insta360 影石推出了采用 MFT 传感器的 8 目 VR 摄影机 Titan，可将 VR 制作提升到 11K 超高清的电影级标准。

（4）的卢深视于 2020 年 6 月获得广州花城创投、重庆君岳资本的 A + 轮投资，该公司专注三维视觉智能感知技术，将面部识别和 3D 人脸重建应用于身份识别，应用到安防、消费电子、商超零售和虚拟现实行业。的卢深视定位为三维视觉感知系统技术方案提供商，将深入数字虚拟人的探索应用，本轮融资主要用于业务布局、强化团队以及筹建光学实验室。

9.4 投融资建议

根据全球 VR 市场融资并购情况,关于"软件+内容"的融资并购金额占全产业链的 30% 左右。中国 VR 市场融资并购目前仍以硬件为主,随着行业发展的逐步深化,资本将在一定程度上从追逐安全性转变为追逐高收益,"软件+内容"未来融资环境将获得一定程度的改善。

从全球 VR 市场融资并购情况来看,2018 年以来呈现良好的上升趋势,在 2020 年新冠疫情大幅降低上半年融资并购金额及数量的情况下,下半年强势反弹,全年依然实现正增长。中国 2020 年 VR 市场融资并购金额出现近五年新低,但我们相信这只是一次与全球节奏脱轨的偶然情况,2021 年大概率将迎来市场的回暖。

从全球融资并购轮次来看,有一个显著特点,并购行为非常活跃,苹果基于手机业务延伸押注 AR,Facebook 和微软分别押注 VR 和 XR。可以预见,未来中国的互联网巨头(阿里巴巴、腾讯等)将加大 VR/AR 领域的并购行为,中国 VR/AR 市场将进一步活跃,企业获得融资的概率将大幅增加。

关注三大运营商(中国移动、中国联通、中国电信)5G+VR 布局。根据历史经验,基础建设的成熟是应用层面爆发的基础,2019 年 6 月,各大运营商拿到牌照,预计 2021 年完成核心网建设。届时以 VR/AR 为代表的 5G 相关应用都将直接受益,三大运营商都将通过丰富的 VR 内容及应用推动高速 5G 流量的销售。

关注应用端的投资机会。硬件市场参与者较多,门槛较低,正在向集中化的方向发展,中小企业机会较小,硬件投资的早期机会已很小,更多 VR 小硬件公司已经开始转型做内容分发平台、内容原创生产、内容投资合作等更接近变现的环节。VR 应用和内容提供商开始受到资本青睐,随着未来爆款应用的出现,将带动硬件落地与发展,整个 VR 行业也会迎来新一轮爆发。

关注成熟期机会。从投资阶段来看,VR 投融资主要集中在天使轮,天使轮和种子轮属于前端投资,几乎占了全部融资的半壁江山。国内 VR 行业还处于初级阶段,近一半 VR 企业仍然处于初步积累阶段,随着行业的成熟,以及前期项目的"模式验证",未来投资重点将从种子轮、天使轮等前端投资向后端过渡。

第 10 章

产业趋势分析

本章从虚拟现实硬件、软件的国内外市场销售情况，虚拟现实领域获得投融资分布、市场规模、国外大型企业技术研发方向等方面进行全面的统计分析，对虚拟现实产业未来发展趋势进行评估。

10.1 全球虚拟现实行业的四个发展阶段

全球虚拟现实行业大体上可以分为研发与军用阶段、产品迭代初期、产品成型爆发期及市场成熟期等四个发展阶段,详见表10-1。

表10-1 虚拟现实四个发展阶段

研发与军用阶段 (1962—1993年)	1962年,MortonHeilig研发出一款名为Sensorama的虚拟现实原形机,后来被用来以虚拟现实的方式进行模拟飞行训练,该阶段的VR技术仍仅限于研究阶段,并没有生产出能交付到使用者手上的产品
产品迭代初期 (1994—2015年)	1994开始,日本游戏公司Sega和任天堂分别针对游戏产业陆续推出SegaVR-1和VirtualBoy等产品,当时在业内的确引起了不小的轰动。但因为设备成本高,内容应用水平一般,且未能解决晕动症问题,未能在真正意义上实现大众推广
产品成型爆发期 (2016—2017年)	随着Oculus、HTC、索尼等一线大厂多年的付出与努力。VR产品在2016年迎来了一次大爆发。这一阶段的产品拥有更亲民的设备定价、更强大的内容体验与交互手段,辅以强大的资本支持与市场推广,整个VR行业正式进入爆发成长期
市场成熟期 (2018年至今)	VR硬件市场成熟,细分领域创新公司相继出现,VR应用趋于成熟;VR整体市场规模迅速扩大,软件市场规模将超越硬件市场规模

10.2 全球虚拟现实市场规模

根据《2020—2026年中国虚拟现实行业市场运行态势及投资战略咨询报告》显示：2016年全球虚拟现实硬件销售额约为21.5亿美元，占全球虚拟现实行业的45.94%左右；2017年全球虚拟现实硬件销售额约为43.4亿美元，占全球虚拟现实行业的42%左右；2018年全球虚拟现实硬件销售额约为63.7亿美元，占比进一步下降至36.88%左右；2019年全球虚拟现实硬件市场规模在80.2亿美元。尽管2020年全年全球经济都笼罩在新冠疫情的阴霾之下，但随着线上娱乐、线上教育、线上旅游、远程办公等的兴起，我们的生活方式发生了改变，虚拟现实硬件产品出货量依旧保持较良好的上涨趋势，Valve Index VR套装甚至因VR游戏大卖供不应求而在全球范围内缺货长达半年以上。2016—2020年全球虚拟现实硬件市场规模走势如图10-1所示。

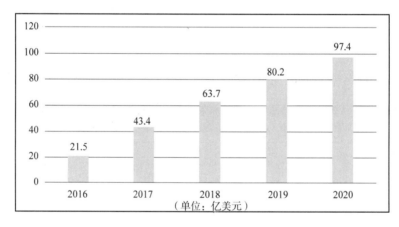

图10-1　2016—2020年全球虚拟现实硬件市场规模走势

2017年全球VR软件销售额约为12.8亿美元，较2016年增长了3.4倍，其中北美市场增长最快，由2016年的0.96亿美元增长至2017年的3.96亿美元。2018年行业销售额约为33.3亿美元，是2017年行业销售额的2.6倍左右，到了2019年全球VR软件销售额继续呈上涨态势，约为54.4亿美元。2020年同样得益于在线产品、远程协助等领域的飞速发展，虚拟现实软件也得到了更多关注，全球销售额达到80.8亿美元。2016—2020年全球虚拟现实软件销售额走势如图10-2所示。

此外，从投融资情况来看，从垂直领域看，2020年最受投资商青睐的是VR医疗、VR远程协助/办公、VR直播与VR游戏等；从技术领域看，硬件开发是最受投资商关注的，因为随着商用5G、计算机视觉、人工智能、边云计算等相关技术飞速发展，只有性能优异、质量过硬的硬件设备才能更好地适应开发、适应消费者的需求，全球在VR/AR领域进行投融资的热情也跟后疫情时代全球经济、生活方式、工作方式、社交方式等变化有直接联系；从融资笔数来看，2020年尽管海内外经济呈现低迷状态，但在VR/AR领域的投资依旧比较火爆，总体数量与2019年持平。2020年国内外投融资对比如图10-3所示。

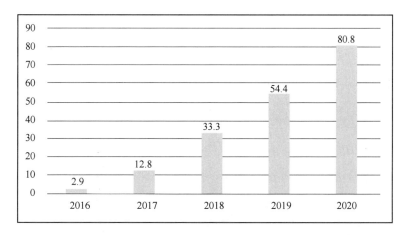

图10-2　2016—2020年全球虚拟现实软件销售额走势

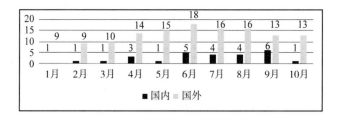

图10-3　2020年国内外投融资对比

10.3　中国 VR 产业市场规模

目前全球虚拟现实行业的企业主要分布在头戴设备显示、输入及反馈设备、全景摄像设备、内容制作和行业应用领域。在企业竞争格局上，主要是行业巨头搭建生态骨架，中小型创新公司是技术与内容的主要来源方。硬件厂商和平台搭建者通过投资和合作开发等形式打破软硬件、渠道和内容之间的壁垒，构造 VR 生态闭环。中小型创新公司在头戴设备、输入外设、内容制作工具、游戏研发、影视制作、工具软件研发等方面形成了细分专业领域。

2015—2020 年中国 VR 产业市场规模与增速如图 10-4 所示。我国 VR 行业从 2016 年开始发展起来，市场规模迅速增长。2018 年行业市场规模达到 108.3 亿元，比 2017 年增长了 1 倍左右。由于目前许多下游应用领域都还没有完全打开市场，预计未来几年仍将处于高速增长期。2020 年受疫情肆虐影响全球经济萎靡，但虚拟现实市场规模依旧逆势上扬，已突破 500 亿元大关，尤其在 VR 看房、VR 看车、VR 文旅、VR 教育等新兴领域的带动下，虚拟现实产品更加广为人知，开始逐渐被大众所认知，各类相似、相关技术和产品也随之蓬勃发展。

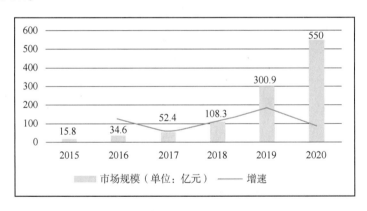

图 10-4　2015—2020 年中国 VR 产业市场规模与增速

随着 VR 行业的渐渐发展、VR 硬件设备的渐渐成熟，对于 VR 内容的探索将成为中国厂商的主流。据推测，2021 年，在我国 VR 市场上，消费级内容将成为仅次于 VR 头戴设备的第二大细分领域。其中，VR 游戏和 VR 影视将成为两大主流内容细分领域，分别占比 34%、32%。2021 年国内虚拟现实各细分市场预计占比情况如图 10-5、图 10-6 所示。

从需求端来看，随着 VR 技术的发展和概念的普及，其市场需求将不断提升。一方面，VR 产品的不断增长是必然趋势；另一方面，随着产品的增多、技术的发展，VR 产品价格将会细化，这又将进一步推动 VR 产品的普及。2018 年我国 AR/VR 行业的消费支出为 30.38 亿元，预计在 2019—2023 年保持高速增长趋势，年均复合增速将会达到 77.8%，至 2023 年，消费支出规模有望突破 650 亿元。AR/VR 行业消费支出规模及增长预测如图 10-7 所示。

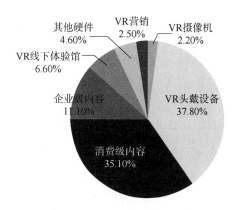

图 10-5　2021 年国内虚拟现实各细分部分市场预计占比情况

图 10-6　2021 年国内虚拟现实各细分市场预计占比情况

图 10-7　AR/VR 行业消费支出规模及增长预测

10.4 未来发展趋势分析

近年来，我国虚拟现实产业快速发展，相关关键技术进一步成熟，在图像超分、图像处理、眼动捕捉、3D声场、机器视觉、深度学习等技术领域不断取得突破。工信部电子信息司副司长吴胜武表示，2020年5G牌照的发放为虚拟现实技术在更广泛领域的应用开辟了新天地，预计2021年我国虚拟现实市场规模将达到544.5亿元，年均复合增长率达91.2%。未来，虚拟现实产业将呈现以下发展趋势：

1. 云虚拟现实加速

在虚拟现实终端无绳化的情况下，实现业务内容上云、渲染上云，成为贯通采集、传输、播放全流程的云控平台解决方案。其中，渲染上云是指将计算复杂度高的渲染设置在云端处理。

2. 内容制作热度提升，衍生模式日渐活跃

硬件设备的迭代步伐逐步放缓和VR商业模式进一步成熟，内容制作作为虚拟现实价值实现的核心环节，投资呈增长态势。衍生出的体验场馆、主题公园等线上线下结合模式受到市场关注。

3. 虚拟现实赋能传统行业创新活力

虚拟现实业务形态丰富，产业潜力大，社会效益强，以虚拟现实为代表的新一轮科技和产业革命蓄势待发，虚拟经济与实体经济的结合，将给人们的生产方式和生活方式带来革命性变化。

4. 硬件领域将成为主战场

目前国内的虚拟现实产业还处于起步阶段，尚未形成明确的领跑者，参与到虚拟现实领域的企业大幅增加，主要集中于硬件研发及应用配套领域。

10.5 下一轮爆发预测

10.5.1 国外巨头公司专利布局

目前世界专利申请数排名前 5 的公司是微软、高通、三星、Magic Leap 和索尼。除 Magic Leap 外，其他公司都是上市的互联网巨头，都在已有的智能硬件生成过程中把握了关键环节。国外巨头公司产品如表 10-2 所示。

表 10-2 国外巨头公司产品

公司	布局内容	产品案例
微软	识别、跟踪、建模等 AR 底层技术方面	HoloLens 是目前唯一量产的混合现实头盔
谷歌	运动追踪、区域学习和深度感知	Tango 手机、ARCore 开发工具
苹果	柔性屏、映射、头盔及可穿戴信息系统	ARKit 开发工具、A11Bionic 芯片
高通	骁龙 820 芯片，掌握电子元件重要环节	Vuforia SDK、骁龙 835 芯片
Magic Leap	光场显示技术	Magic Leap One 头显
英特尔	AR 眼镜设备及 SDK 开发包	Darqi AR 眼镜
三星	显示硬件方面专利	Monitorless 眼镜

10.5.2 国外巨头公司专利布局内容和案例

2021 年将出现消费级明星产品，这一阶段的产品更多地起到了教育市场的作用，从目前各公司的布局上看，主要关注美国的苹果公司、微软、Google、Facebook、Magic Leap 和 PTC 公司的产业布局和投资方向，预计 1~2 年内会出现明星级消费产品。特别是苹果在推出其开发工具 ARKit 之后，在 2020 年年底传闻苹果公司将开发可穿戴一体机设备 AR 头显，并在 2021 年发布。

观点：AR 产品的爆发是建立在专利特别是技术类专利累积到一定程度后。在经历了 2010 年 AR 专利的爆发后，国外已经出现了能够量产，且技术较为成熟的 AR 产品；下一代标杆性产品仍取决于一到两家国外巨头厂商的研发进展，而消费级产品往往会推动整个行业的更快发展，目前比较期待苹果的 AR 眼镜推出。

随着云、5G、量子计算等技术不断突破，人工智能、物联网、增强现实 AR 将更加普及。下一代可视化三维操作系统将高度融合实现虚实结合的现实世界。

第 11 章

问题、机遇与建议

虚拟现实是科技革命和产业变革的一项重要驱动力量，是推动区域产业优化升级、生产力整体跃升的重要战略资源。国家发改委正式发布的《产业结构调整指导目录（2019年本）》将虚拟现实、增强现实、语音语义图像识别、多传感器信息融合等技术的研发与应用纳入第四十七条"鼓励类"产业。广东省高度重视虚拟现实产业发展，从2018年至今制定出台了一系列相关政策措施，为构筑现代产业体系新支柱、实现经济高质量发展奠定了坚实基础。广东省凭借自身良好的电子信息产业基础，不断突破核心技术，整个产业发展成绩斐然，初步搭建了覆盖广、承载强、功能优的产业平台矩阵，开发了多领域延伸、规模化发展、全方位试点的场景应用。

　　"十四五"期间，越来越多的城市、企业、资本、人才将积极投入虚拟现实领域中。广东在整个虚拟现实产业发展上取得了较好成绩，但也面临着一些问题和挑战。只有各方勇于正视这些挑战的本源，并创造条件将其解决，才能更好地促进虚拟现实产业健康长足发展。

11.1 问题分析

11.1.1 政策层面

1. 尚未形成体系化、标准化发展格局

虚拟现实在广东的发展具有得天独厚的优势，但同时也面临新业态发展的巨大挑战。虚拟现实带来法律伦理、就业环境、个人隐私、基础通信设施建设等方面的不确定性，相关标准、技术、知识产权、工艺流程、产品形态、应用服务均缺乏一致的规则和标准，各应用接口不一，行业应用和项目开发缺少实用辅助工具等等，这些都迫切需要政府的政策引导、鼓励行业和龙头企业主动介入、培育以推广应用为核心的体制机制创新。虚拟现实产业的薄弱环节仍聚焦在核心零部件和底层软件开发上，核心元器件依赖进口，眩晕、交互等关键核心技术有待进一步突破。广东对于虚拟现实行业的政策虽然不少，但在关键核心技术和产业化上专项支持投入不足，科技金融服务从业企业的滞后现象凸显。

2. 支持企业全发展周期的政策体系不完善，难以释放集成动力

目前，广东已出台的与虚拟现实产业相关的政策多集中在前沿技术与传统、新兴产业结合的领域，而在技术研发、人才引进培育、产业化应用等方面则相对匮乏，难以形成可持续广覆盖的政策体系，无法为产业发展提供优良的机制保障、资金保障和环境保障，不能满足相关企业全发展周期扩张需求，不利于吸引更多应用在广东首发首创，不利于让更多场景在广东尽早落地、尽广推开、尽快见效。

11.1.2 行业层面

1. 行业标准不统一，缺乏统一规划和指导

虚拟现实目前处于产业成熟的发展期，行业还没有形成可供参照的系统标准，从设备到技术再到系统尚未形成标准的行业体系，不同软硬件平台间的兼容问题难以有效解决，跨平台共享虚拟现实内容变成了臆想。

2. 产业有规模，但缺失规模效应

目前广东省内虚拟现实企业有五千余家，但多以中小企业为主，资产规模小，产品单一，以生产销售头盔、眼镜、外接式头戴显示器等产品居多，企业间同质化竞争严重，且产品层次参差不齐，甚至出现大量"山寨""三无"产品。

3. 龙头企业缺乏龙头效应，没有形成行业集聚优势

现阶段行业内龙头骨干企业在技术基础研发、场景应用试点、资源聚合的表现上差强人意，限制了其发挥集聚优势，影响了虚拟现实产业向高质量跨越式发展；同时，龙头企业社会责任担当意识薄弱，牵头制定行业标准提案积极性不高，增加了虚拟现实产业链中的上、中、下游企业在研发过程中不必要的成本投入。

11.1.3 企业层面

1. 企业竞争优势不明显，自主创新能力不强

广东虚拟现实产业原创性理论研究基础薄弱，大多数仍处于应用层，仅有几个领域实现了低水平突破，缺乏多学科、多行业、多领域深度融合和应用。在虚拟现实行业中，最为核心的"两"芯片分别是高分辨率微型显示芯片和低功耗高性能计算芯片。目前在高分辨率微型显示芯片方面，主要以索尼、Kopin 等国外厂家为主，国内厂家如京东方等在其微型显示芯片上与国外存在一定差距；在高性能计算芯片方面，高通、英伟达等依然牢牢占据主导地位，国内厂家难以与之抗衡。在软件方面，三维引擎是 VR 技术的一个重要基础，引擎本身并不只是技术和工具的集合，大量有经验的开发者决定了引擎的生命和发展。国产软件基础平台需要大力推进，目前面向公众开放、用于 VR 开发的主流软件引擎中，底层软件平台标准还是由国外厂家控制的，大部分内容开发人员使用的是 Unity、UE 等国外软件。在硬件方面，国产原创设备处于一息尚存的状态，虚拟现实终端产品的中央处理器 CPU、图像处理芯片 GPU、物理运算芯片 PPU、体感识别等高精度传感器主要依赖进口，国内尚未推出成熟的虚拟现实专用芯片。

2. 专业化和复合型人才缺失，供给创新力量薄弱

虚拟现实产业的发展需要专业型人才和复合型人才。广东虚拟现实相关学科建设起步较晚，师资力量相对薄弱。2017 年国家教育部设立了十七个虚拟现实相关学科，但广东高校还没有设立，未能形成系统性的课程培养体系。虚拟现实核心高端专业人才缺乏，尤其是前沿理论和关键共性技术等方面的领军型研究型人才不足，急需进一步加大核心高端人才的引进和培养力度；企业虚拟现实领域的人才供不应求，特别是既懂技术又熟悉行业市场的复合型人才以及能同时提供产业应用核心技术和解决方案的研发团队仍然较少，这不利于产业的进一步发展。

3. 缺乏标杆性应用产品，企业知名度不高

由于现阶段虚拟现实产业发展存在内容创新不足的劣势，以及受人才供给不足等外部挑战的影响，上、中、下游企业在生产、教育、科学研究和实践中合作意愿不强，导致企业间无法利用整体资源优势打造出标杆性应用，难以提高企业知名度、品牌美誉度。

4. 大众对虚拟现实设备的安全使用存在忧虑

越来越多的虚拟现实产品被广泛使用，接触虚拟现实的用户群体呈现年轻化趋势。随着虚拟现实内容不断丰富，用户沉浸在虚拟现实中的时间越来越长。学术界尚无对长时间使用沉浸虚拟现实对健康影响问题的研究数据和公认结论，人们对这一问题的潜在威胁无法准确评估，因此用户对长时间使用虚拟现实是否影响健康存在担忧。另外，由于虚拟现实头显属于全新的产品，厂家在人体工学等方面的设计经验极为匮乏，这使长时间佩戴的健康隐患进一步加重。

11.2 建 议

1. 政府应鼓励产业集聚，行业合力发展

建议广东省及各地区持续出台相关政策支持虚拟现实产业发展，引导产业发展方向、推动产业结构升级、协调产业结构、使虚拟现实产业健康可持续发展。从支持地方以产业的实际需求作为出发点，将虚拟现实技术发展与地方产业发展进行充分结合，促进产业聚集，从而形成地方产业转型改革与虚拟现实行业发展互相促进的发展模式，使行业间发展形成合力，共同发展。

2. 进一步深化标准工作，建设广东虚拟现实行业技术标准测试中心，为行业健康发展保驾护航

虚拟现实行业的发展与国家、行业的标准密切相关。只有保证产品的安全性、保证优秀产品的竞争优势，才能推动行业的健康发展。需进一步深化行业、国家标准的建设工作，为虚拟现实行业相关产品设定准入门槛，保证用户安全使用。建议建设生产应用示范平台和标准计量、认证认可、检验检测、试验验证等产业技术基础公共服务平台，为行业健康发展提供支撑。

3. 构建标准规范体系

发挥标准对产业的引导支撑作用，建立产学研用协同机制，健全虚拟现实标准和评价体系。加强标准体系顶层设计，着力做好基础性、公益性、关键性技术和产品的国家/行业标准制修订工作，有效支撑和服务产业发展。

4. 扶持与人因有关的基础研究及平台，特别是高校、研究所机构，尽快为行业提供科学数据支持

虚拟现实行业的发展以应用为主，但现有研究中缺乏与人因有关的研究基础，在制定标准时缺少实验数据支持。扶持与人因有关的基础研究工作开展及平台建设，为行业提供大量人因科学数据，为行业发展提供科学依据。

附件一

国际专利分类表（IPC 表）

需要说明的是，因为篇幅的限制，对于 IPC 表仅节选不同大组的简要说明，如对某一大组的解释存在疑问以 IPC 原表为准。

IPC 分类号（小组）
A63F13/21　（以其传感器、用途或类型为特征的）
A63F13/211　（采用惯性传感器的，如加速度计或回转仪）
A63F13/28　（响应于游戏设备发出的控制信号，以影响外界条件）
G01C21/00　（导航；不包含在 G01C1/00 至 G01C19/00 组中的导航仪器）
G01C21/16　（采用积分加速度或速度的方法，即惯性导航）
G01C25/00　（有关本小类其他各组中的仪器或装置的制造、校准、清洁或修理）
G02B27/00　（其他光学系统；其他光学仪器）
G02B27/01　（加盖显示器）
G02B27/22　（用于产生立体或其他三维效果的）
G06F17/30　（转入 G06F16/00—G06F16/958）
G06F3/01　（用于用户和计算机之间交互的输入装置或输入和输出组合装置）
G06F3/0346　（检测设备在三维空间内定向或自由移动）
G06F3/0481　（基于显示交互对象的特定属性或一个基于隐喻的环境）
G06F3/0484　（用于特定功能或操作的控制）
G06F9/451　（用户界面的执行设计）
G06K9/00　（用于阅读或识别印刷或书写字符或者用于识别图形）
G06T15/00　（3D 图像的加工）
G06T17/00　（用于计算机制图的 3D 建模）
G06T19/00　（对用于计算机制图的 3D 模型或图像的操作）
G06T7/73　（使用基于特征的方法）
G09B9/00　（供教学或训练用的模拟机）
H04L29/06　（以协议为特征的）
H04L29/08　（传输控制规程）
H04M1/02　（电话机的结构特点）
H04N13/332　（借助特殊眼镜或头戴式显示器观察的显示器）
H04N21/81　（其单媒体部件）

附件二

虚拟现实标准制修订情况

1. IEEE 虚拟现实与增强现实相关标准（截至 2020 年 12 月不完全统计）

序号	标准编号	标准名称	发布日期
1	IEEE P2048.1	Device Taxonomy and Definitions（设备分类与定义）	2019-03-21
2	IEEE P2048.2	Immersive Video Taxonomy and Quality Metrics（沉浸式视频的分类和质量指标）	2019-03-21
3	IEEE P2048.3	Immersive Video File and Stream Formats（沉浸式视频的文件和传输格式）	2019-03-21
4	IEEE P2048.4	Person Identity（个人身份）	2019-03-21
5	IEEE P2048.5	Environment Safety（环境安全）	2019-03-21
6	IEEE P2048.6	Immersive User Interface（沉浸式用户界面）	2019-03-21
7	IEEE P2048.7	Map for Virtual Objects in the Real World（把虚拟物体映射到真实世界当中的地图）	2019-03-21
8	IEEE P2048.8	Interoperability between Virtual Objects and the Real World（虚拟对象与真实世界的互操作性）	2019-03-21
9	IEEE P2048.9	Immersive Audio Taxonomy and Quality Metrics（沉浸式音频的分类和质量指标）	2019-03-21
10	IEEE P2048.10	Immersive Audio File and Stream Formats（沉浸式音频的文件和传输格式）	2019-03-21
11	IEEE P2048.11	In-Vehicle Augmented Reality（AR 的车载应用）	2019-03-21
12	IEEE P2048.12	Content Ratings and Descriptors（内容分级与描述）	2019-03-21
13	IEEE P2048.11	Standard for Augmented Reality on Mobile Devices: General Requirements for Software Framework, Components, and Integration（移动设备上的增强现实标准：软件框架、组件和集成的一般要求）	2020-09-24

2. 虚拟现实国家标准立项及已发布情况

序号	标准名称	计划号/标准编号	起草单位	状态
1	信息技术增强现实术语	GB/T 38247—2019	中国电子技术标准化研究院、北京理工大学、北京电影学院、深圳赛西信息技术有限公司、西北师范大学、北京航空航天大学等	现行

续表

序号	标准名称	计划号/标准编号	起草单位	状态
2	可穿戴产品应用服务框架	GB/T 37344—2019	中国电子技术标准化研究院、深圳赛西信息技术有限公司、中国医学科学院医学信息研究所、中国医学科学院生物医学工程研究所、小米通讯技术有限公司等	现行
3	可穿戴产品分类与标识	GB/T 37035—2018	中国电子技术标准化研究院、深圳赛西信息技术有限公司、中国医学科学院医学信息研究所、中国医学科学院生物医学工程研究所、小米通讯技术有限公司等	现行
4	可穿戴产品数据规范	GB/T 37037—2018	中国电子技术标准化研究院、深圳赛西信息技术有限公司、中国医学科学院医学信息研究所、中国医学科学院生物医学工程研究所、小米通讯技术有限公司等	现行
5	信息技术 虚拟现实内容表示编码 第1部分：系统	20190776-T-469	工业和信息化部数字音视频编解码技术标准工作组	正在起草
6	信息技术 虚拟现实内容表达 第2部分：视频	20192086-T-469	工业和信息化部数字音视频编解码技术标准工作组	正在起草
7	信息技术 虚拟现实应用软件基本要求和测试方法	GB/T 38258—2019	中国电子技术标准化研究院、北京理工大学、北京电影学院、深圳赛西信息技术有限公司、福建网龙计算机网络信息技术有限公司等	现行
8	信息技术 虚拟现实头戴式显示设备通用规范	GB/T 38259—2019	北京理工大学、中国电子技术标准化研究院、北京电影学院、深圳赛西信息技术有限公司等	现行
9	信息技术 穿戴式设备术语	20173817-T-469	中国电子技术标准化研究院、南方医科大学中老年健康研究中心、奇虎360、广东艾动通信科技有限公司等	正在审查
10	信息技术 手势交互系统 第1部分：通用技术要求	GB/T 38665.1—2020	中国电子技术标准化研究院、北京理工大学、中国科学院计算机技术研究所、北京航空航天大学、英特尔（中国）研究中心有限公司等	现行

续表

序号	标准名称	计划号/标准编号	起草单位	状态
11	信息技术 手势交互系统 第2部分：系统外部接口	GB/T 38665.2—2020	中国科学院软件研究所、中国电子技术标准化研究院、北京理工大学、浙江大学、中国科学院自动化研究所等	现行
12	游乐设施虚拟体验系统 通用技术条件	GB/T 39080—2020	中国特种设备检测研究院、深圳华强方特文化科技集团等	即将实施
13	虚拟现实设备接口 定位设备	20203868-T-339	中国电子技术标准化研究院	正在起草
14	智能电视交互应用接口规范	20184715-T-339	中国电子技术标准化研究院、青岛海信电器股份有限公司、闪联信息技术工程中心有限公司、康佳集团股份有限公司等	正在起草
15	可穿戴设备的光辐射安全测量方法	20203872-T-604	杭州浙大三色仪器有限公司、中国人民解放军总医院、宁波市产品质量监督检验研究院	正在起草
16	可穿戴设备的光辐射安全要求	20190700-T-604	浙江智慧健康照明研究中心、浙江三色光电技术有限公司、杭州浙大三色仪器有限公司	征求意见

3. 虚拟现实团体标准制修订情况

序号	标准名称	标准编号	起草单位	区域	数量
1	虚拟现实头戴式显示设备通用规范	T/IVRA 0001—2017	虚拟现实产业联盟	北京	18
2	影视动画三维模型制作	T/BAGIA 0001—2019	北京动漫游戏产业协会	北京	
3	三维动画模型制作流程规范	T/BAGIA 0002—2019		北京	
4	三维动画镜头预演制作流程规范	T/BAGIA 0003—2019		北京	
5	HTML5游戏引擎平台对接接口	T/BAGIA 0004—2019		北京	
6	虚拟形象3D重建的CG标准	T/BAGIA 0005—2019		北京	
7	数字漫画图片处理应用规范	T/BAGIA 0006—2019		北京	

续表

序号	标准名称	标准编号	起草单位	区域	数量
8	高效音频编码	T/AI 103—2016	中关村视听产业技术创新联盟	北京	
9	虚拟现实用户体验评估标准	T/INFOCA 2—2019	中关村现代信息消费应用产业技术联盟	北京	
10	VR视频服务用户体验指标体系及通用方法	/	中关村现代信息消费应用产业技术联盟	北京	
11	VR视频服务用户体验指标与评估算法	/		北京	
12	基于HTML5的融媒体新闻技术规范	T/CAPT 001—2019	中国新闻技术工作者联合会	北京	
13	人机交互技术规范	T/CVIA 32—2014	中国电子视像行业协会	北京	18
14	可穿戴无线通信设备通用技术要求和测试方法 腕戴式设备	YDB 200—2018	中国通信标准化协会	北京	
15	面向政府采购的云计算软件技术要求 第1部分：虚拟化软件	T/CCSA 246.1—2019	中国通信标准化协会	北京	
16	信息技术 移动设备增强现实系统应用接口	T/CESA 1131—2020	中国电子工业标准化技术协会	北京	
17	信息技术 移动设备增强现实系统技术规范	T/CESA 1130—2020	中国电子工业标准化技术协会	北京	
18	基于物联网的智慧社区云平台 总体技术要求	T/CA 010—2020	中国通信工业协会	北京	
19	Unity VR场景模型制作规范	T/CQCBDS 0012—2018		重庆	
20	Unity VR场景创建烘焙标准	T/CQCBDS 0013—2018		重庆	
21	Unity项目优化标准	T/CQCBDS 0014—2018		重庆	
22	基于游戏影视工具的视频制作规范	T/CQCBDS 0015—2018	重庆市云计算和大数据产业协会	重庆	6
23	VR双人动感设备动力机构规范	T/CQCBDS 0018-1—2018		重庆	
24	VR六人动感设备动力机构规范	T/CQCBDS 0018-2—2018		重庆	

续表

序号	标准名称	标准编号	起草单位	区域	数量
25	增强现实（AR）智能可视化装置	T/GDID 1010—2018	广东省企业创新发展协会	广东	7
26	可穿戴手势交互设备	T/GDVRA 01—2020	广东省虚拟现实产业技术创新联盟	广东	
27	虚拟现实文娱科普体验设备	T/GDVRA 02—2020		广东	
28	智慧城市智慧教育规划导则	T/SCSS 034—2017	深圳市智慧城市研究会	广东	
29	微课技术标准 V1.0	T/GZEIIA 1002—2016	广州市教育信息化产业技术创新促进会	广东	
30	智慧校园建设规范 V1.0	T/GZEIIA 1001—2016		广东	
31	平安校园建设规范 V1.0	T/GZEIIA 1004—2018		广东	
32	虚拟现实应用模型场景开发规范	T/SIOT 804—2020	上海市物联网行业协会	上海	4
33	虚拟现实用户界面设计规范	T/SIOT 803—2020	上海市物联网行业协会	上海	
34	虚拟现实交互技术开发规范	T/SIOT 802—2020	上海市物联网行业协会	上海	
35	虚拟现实异地多人协同技术规范	T/SIOT 801—2020	上海市物联网行业协会	上海	
36	沈阳市智慧景区建设规范	T/SYLX 001—2017	沈阳市旅游协会	沈阳	1
37	基于蓝牙协议手持智能交互终端	T/ZAII 007—2018	浙江省物联网产业协会	浙江	1

4. 虚拟现实领域相关企业标准（已公开，不完全统计）

序号	标准名称	计划号/标准编号	发布单位	区域	数量
1	蓝牙手柄	Q/BFMJ001—2016	北京暴风魔镜科技有限公司	北京	5
2	虚拟现实 VR 眼镜	Q/BFMJ002—2016	北京暴风魔镜科技有限公司	北京	
3	数据手套 DK1 技术标准	Q/VRTRIXVRGLV001—2019	北京无远弗届科技有限公司	北京	
4	数据手套 PRO 技术标准	Q/VRTRIXVRGLV002—2019		北京	
5	预健未来可穿戴智能手环	Q/GTCX001—2018	国泰创想（北京）科技有限公司	北京	
6	虚拟负荷实训柜	Q/CQSD J1.5—2018	重庆双电科技有限公司	重庆	1
7	虚拟演播室系统	Q/dyhbz—2014	福建大娱号信息科技股份有限公司	福建	1

续表

序号	标准名称	计划号/标准编号	发布单位	区域	数量
8	小型轻量虚拟现实万向行动平台	Q/XX 002—2018	杭州虚现科技有限公司	浙江	12
9	VR万向行动平台专用鞋	Q/XX001—2017		浙江	
10	VR万向行动平台	Q/XX002—2017		浙江	
11	全方位舒适型VR跑步机	Q/XX003—2019		浙江	
12	虚拟现实万向型VR跑步机	Q/XX005—2019		浙江	
13	体感仿真双座赛车	Q/XX006—2019		浙江	
14	具有超强兼容性能的VR跑步机	Q/XX004—2019		浙江	
15	信息技术 增强现实通用要求	Q/330000 WY 001—2019	网易（杭州）网络有限公司	浙江	
16	增强现实车载抬头显示器	Q/CO 46—2020	浙江水晶光电科技股份有限公司	浙江	
17	增强现实眼镜—光学显示性能要求和测试方法	Q/SYJY 001—2020	舜宇光学（浙江）研究院有限公司	浙江	
18	AR地球仪	Q/NBLQ 003—2019	余姚市乐奇文具有限公司	浙江	
19	虚拟现实跑步机	Q/FL 01—2018	浙江斐络工业设计有限公司	浙江	
20	数字虚拟动作识别器	Q/HL 002—2016	合肥寰景信息技术有限公司企业	安徽	1
21	工业机器人AR增强现实视觉应用系统	Q/370000 ZCQC04—2020	烟台市智程汽车装备技术有限公司	山东	1
22	虚拟现实设备	Q31/0115000030 C002—2016	索尼互动娱乐（上海）有限公司	上海	3
23	虚拟现实（VR）智能眼镜	Q31/0112000577C001	上海欢米光学科技有限公司	上海	
24	虚拟现实（VR）智能眼镜	Q31/0115000198C007	上海创米科技有限公司	上海	
25	虚拟现实辅助协同设计科技服务	Q/220100 ZYSX 076—2019	吉林省中云数讯科技股份有限公司	吉林	1

续表

序号	标准名称	计划号/标准编号	发布单位	区域	数量
26	裸眼虚拟现实图像	Q/nevr 001—2018	镇江魔能网络科技有限公司	江苏	2
27	可穿戴手环的自动组装线	Q/320505RS006—2017	苏州富强科技有限公司	江苏	
28	动态情绪识别信息综合应用系统	Q/ASB 0001—2018	深圳市安视宝科技有限公司	广东	42
29	虚拟现实眼镜头盔	Q/JXRE 001—2016	深圳市吉祥瑞丰科技有限公司	广东	
30	虚拟现实头盔/VR眼镜	Q/XZZ001A—2017	深圳小宅科技有限公司	广东	
31	AR手柄	Q/KBY 009—2017	深圳市科比翼科技有限公司	广东	
32	VR眼镜	Q/KBY 004—2016	深圳市科比翼科技有限公司	广东	
33	VR眼镜	Q/LH 003—2016	深圳市乐航科技有限公司	广东	
34	3D体感摄像头通用技术要求	Q/ORBBEC0001—2016	深圳奥比中光科技有限公司	广东	
35	虚拟过山车	Q/PLFSZ 003—2016	深圳市普乐方数字技术有限公司	广东	
36	虚拟现实眼镜头盔标准	Q/QHHX 001—2016	深圳市前海恒鑫供应链管理有限公司	广东	
37	VR眼镜	Q/RMM005—2017	深圳市睿禾科技有限公司	广东	
38	虚拟现实设备	Q/SJWO16—2016	深圳市京华数码科技有限公司	广东	
39	VR眼镜	Q/SWXT 004—2016	深圳市四维星图科技有限公司	广东	
40	虚拟现实头戴式显示设备	Q/SZ3D001—2017	深圳市掌网科技股份有限公司	广东	
41	VR眼镜	Q/TRD004—2017	深圳市特睿得贸易有限公司	广东	
42	AR游戏枪	Q/XGT001—2018	深圳市鑫国腾科技有限公司	广东	
43	宅镜	Q/XIMS 1—2018	广东虚拟现实科技有限公司	广东	
44	VR娱乐及动感影院设备	Q/ZYVR3—2018	广州卓远虚拟现实科技有限公司	广东	
45	虚拟现实手柄	Q/DKBA 2421—2017	华为技术有限公司	广东	
46	VR眼镜	Q/KLS 1—2017	东莞科络斯电子科技有限公司	广东	
47	VR眼镜	Q/ZXSK 001—2017	深圳市忠信塑科技有限公司	广东	
48	VR虚拟现实3D（简称VR眼镜）	Q/CK001—2017	深圳市南方超科技有限公司	广东	
49	VR眼镜	Q/YLYK 011—2016	深圳市越来越酷科技有限公司	广东	

续表

序号	标准名称	计划号/标准编号	发布单位	区域	数量
50	VR眼镜	Q/GOLF 011—2016	深圳市高尔夫飞煌科技有限公司	广东	
51	VR眼镜	Q/SMT 011—2016	深圳市松马泰科技塑胶电子厂	广东	
52	VR眼镜	Q/ZXSM 001—2016	东莞市众信数码有限公司	广东	
53	VR眼镜	Q/SK 001—2016	深圳市顺科数码有限公司	广东	
54	VR眼镜	Q/KBY 004—2016	深圳市金恒瑞珠宝首饰有限公司	广东	
55	虚拟现实（VR）智能眼镜	Q/YJDZ0001—2016	深圳市优嘉电子有限公司	广东	
56	基于数据手套的5指型仿人机械手控制系统技术要求	Q/HNLG02—2019	华南理工大学	广东	
57	AR枪	Q/RQZY-049—2017	深圳市仁清卓越投资有限公司	广东	
58	VR	Q/XG 001—2016	深圳市新干科技有限公司	广东	
59	VR眼镜	Q/WK 043—2017	深圳市睿创科技有限公司	广东	42
60	VR眼镜	Q/BMMY 001—2017	深圳市伯玛贸易有限公司	广东	
61	VR头盔	Q/YHS 001—2017	杭州眼护士数据科技有限公司	广东	
62	VR盒子	Q/KRKJ 001—2016	深圳市凯润科技有限公司	广东	
63	可穿戴式系列产品	Q/DKBA 2213—2018	华为技术有限公司	广东	
64	AR游戏枪	Q/XGT 001—2018	深圳市鑫国腾科技有限公司	广东	
65	VR	Q/XG 001—2016	深圳市新干科技有限公司	广东	
66	简易VR	Q/DKBA 2316—2016	华为技术有限公司	广东	
67	VR眼镜	Q/LYSL 001—2016	深圳市龙宇塑胶模具制品有限公司	广东	
68	智能可穿戴设备系列产品	Q/DKBA 2553—2020	华为终端有限公司	广东	
69	智能可穿戴设备系列产品	Q/RYZD 0006—2020	荣耀终端有限公司	广东	

附件三

国家指导性虚拟现实相关政策文件

序号	发布部门	文件名称	发布时间	与产业相关叙述（节选）
1	中国共产党第十九届中央委员会第五次全体会议	《中共中央关于制定国民经济和社会发展第十四个五年规划和二〇三五年远景目标的建议》	2020年10月	发展战略性新兴产业。加快壮大新一代信息技术（包含虚拟现实/增强现实）等产业。推动互联网、大数据、人工智能等同各产业深度融合，推动先进制造业集群发展，构建一批各具特色、优势互补、结构合理的战略性新兴产业增长引擎，培育新技术、新产品、新业态、新模式。促进平台经济、共享经济健康发展。鼓励企业兼并重组，防止低水平重复建设
2	教育部	《国家开放大学综合改革方案》	2020年9月	建立服务全民终身学习的在线教育平台。依靠5G、人工智能、虚拟现实、区块链、大数据、云计算等新技术，加快建设服务全民终身学习的在线教育平台，构建纵向贯通、横向融通的学习网络，支撑信息技术与教育教学的深度融合，促进开放教育的数字化、智能化、终身化、融合化，提高教育现代化水平
3	国家标准委、工信部、科技部等	《国家新一代人工智能标准体系建设指南》	2020年7月	指导制定人工智能领域的标准，其中关键领域技术标准围绕自然语言处理、智能语音、计算机视觉、生物特征识别、虚拟现实/增强现实、人机交互等方面，为人工智能应用提供领域技术支撑。 其中虚拟现实/增强现实标准：为用户提供视觉、触觉、听觉等多感官信息一致性体验的通用技术要求。建设重点是内容制作、3D环境理解、3D交互理解等标准研制
4	民政部	《关于进一步扩大养老服务供给促进养老服务消费的实施意见》	2019年	创新优质老年用品供给。实施科技助老示范工程，支持新兴材料、人工智能、虚拟现实等新技术在养老服务领域的深度集成应用与推广，支持外骨骼机器人、照护和康复机器人、虚拟现实康复训练设备等产品研发，形成一批高智能、高科技、高品质的老年人康复辅具产品
5	发改委	《产业结构调整指导目录（2019年本）》	2019年	人工智能：虚拟现实、增强现实、语音语义图像识别、多传感器信息融合等技术的研发与应用。 虚拟现实和增强现实产业进入产业结构调整指导的鼓励类目录，鼓励民间发展虚拟/增强现实产业

续表

序号	发布部门	文件名称	发布时间	与产业相关叙述（节选）
6	工信部	《关于组织开展2019年新型信息消费示范项目申报工作的通知》	2019年	通过开展示范项目建设，激发各方积极性，加快扩大和升级信息消费，促进形成强大国内市场。 1. 数字创意内容和服务。鼓励利用虚拟现实、增强现实等技术，构建大型数字内容制作渲染平台，加快文化资源数字化转换及开发利用，支持原创网络作品创作，拓展数字影音、动漫游戏、网络文学等数字文化内容，支持融合型数字内容业务和知识分享平台发展。 2. 前沿电子信息产品。支持5G、超高清、消费级无人机、虚拟现实等产品创新和产业化升级。支持整合利用智能电视、智能音响、可穿戴设备、智能服务机器人等新型数字家庭产品，基于人工智能等技术构建数字家庭解决方案。 3. 信息消费体验中心。支持利用虚拟现实、增强现实、交互娱乐等技术搭建信息消费体验中心，集中展示信息消费最新成果，增强信息消费体验，培养消费者信息消费习惯。支持依托信息消费体验中心组织开展信息技能培训，鼓励信息消费体验中心创新提升信息消费体验，扩大信息消费影响力和受众群体

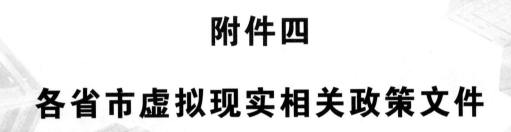

附件四

各省市虚拟现实相关政策文件

发布部门	文件名称	发布时间	与产业相关叙述（节选）
广东省	《中共广东省委关于制定广东省国民经济和社会发展第十四个五年规划和二〇三五年远景目标的建议》	2020年12月	支持广州大力发展新一代信息技术（包含虚拟现实/增强现实）等产业，高水平建设人工智能与数字经济试验区，提升总部经济发展水平，打造具有全球影响力的现代服务经济中心。支持广州深化城市更新，强化宜居环境建设，全面提升城市品质
	《广东省培育数字创意战略性新兴产业集群行动计划（2021—2025年）》	2020年10月	强调要加强虚拟现实等重点领域的关键核心技术的攻关，支持重点围绕VR交互算法开展高价值专利培育。并深化虚拟现实等数字技术在游戏、视频、会展、旅游等领域的应用
	《关于加快推进质量强省建设的实施方案》	2020年9月	利用虚拟现实/增强现实等信息化手段，实施传统业态数字化改造
	《广东省人民政府关于培育发展战略性支柱产业集群和战略性新兴产业集群的意见》	2020年5月	在十大战略性新兴产业集群下的数字创意产业集群中，重点提及要推动虚拟现实/增强现实等新技术的深度应用。巩固提升游戏、动漫、设计服务等优势产业，提速发展电竞、直播、短视频等新业态
	《广州市加快软件和信息技术服务业发展若干措施》	2020年3月	对企业科研平台建设、新近引进企业、人才引进、突出贡献企业、示范性项目进行补贴
	《广州人工智能与数字经济试验区建设总体方案》	2020年2月	培育一批虚拟现实等重点领域的龙头企业，并把虚拟现实技术应用于智慧法庭、智慧会展、智慧交通、智能家居、智慧园区、智能商务等场景
	《关于扎实推进2020年全省"12221"农产品市场体系建设工作的通知》	2020年1月	把虚拟现实技术应用于农产品种养生产和市场营销等领域
	《汕尾市"数字政府"建设总体规划（2019—2021年）》	2019年12月	发展虚拟现实在智慧旅游和智慧教育方面的应用
	《广东省加快5G产业发展行动计划（2019—2022年）》	2019年7月	积极发展虚拟现实/增强现实在工业互联网领域的创新应用实践

续表

发布部门	文件名称	发布时间	与产业相关叙述（节选）
广东省	《惠州市促进"互联网+医疗健康"发展行动计划实施方案（2018—2020年）》	2018年9月	发展医疗健康人工智能技术，把虚拟现实应用到医疗机构中
	《广东省新一代人工智能发展规划》	2018年7月	1. 虚拟现实智能建模技术取得突破 2. 虚拟现实与增强现实的技术在可穿戴设备上的应用 3. 推动虚拟现实企业的发展
	《广东省加快5G产业发展行动计划（2019—2022年）》	2018年5月	开发以5G为支撑的虚拟现实平台，重点发展虚拟现实在智慧教育和智慧城市方面的应用
	《广东省深化"互联网+先进制造业"发展工业互联网实施方案及配套政策措施的通知》	2018年3月	发展虚拟现实在工业互联网中的应用研究和探索
	《广东省战略性新兴产业发展"十三五"规划》	2017年8月	充分发挥广东省的技术优势，发展虚拟现实在数字创意产业的应用；推动产业融合发展
河北省	《中共河北省委关于制定国民经济和社会发展第十四个五年规划和二〇三五年远景目标的建议》	2020年11月	持续调整优化经济结构。实施工业互联网创新发展工程，推动新一代信息技术（包含虚拟现实/增强现实技术）与制造业融合发展，促进传统产业高端化、智能化、绿色化变革，发展服务型制造。完善支持政策，培育新技术、新产品、新业态、新模式，推动产业向价值链高端攀升。开展质量提升行动，完善质量基础设施，推动标准、质量、品牌、信誉联动建设
	《河北省科技创新三年行动计划》	2018年3月	实施科技冬奥智慧崇礼行动计划。对接国家"科技冬奥行动计划"，争取一批国家专项支持。研究制定《科技冬奥智慧崇礼行动计划》，以科技冬奥助推冰雪产业发展，在冰雪运动装备、虚拟现实等领域加大科技支撑力度，提升冰雪运动和冰雪产业发展水平

续表

发布部门	文件名称	发布时间	与产业相关叙述（节选）
山西省	《关于深化"互联网+先进制造业"发展工业互联网的实施意见》	2018年4月	形成一批工业互联网系统解决方案。针对我省制造业转型升级需求，围绕虚拟现实等领域，加快布局一批工业互联网软硬件产品，培育形成面向煤炭、装备制造、机械制造等行业的系统解决方案
辽宁省	《中共辽宁省委关于"十四五规划"和二〇三五年远景目标的建议》	2020年12月	改造升级"老字号"。推动人工智能等新一代信息技术（包含虚拟现实/增强现实）与制造业融合发展，加快推进优势产业数字赋能，促进制造业向智能、绿色、高端、服务方向转型升级，打造具有国际影响力的先进装备制造业基地
辽宁省	《辽宁省新一代人工智能发展规划》	2020年3月	1. 重点研究人工智能增强混合现实技术，突破虚拟对象智能行为建模和定量化虚拟还原等技术，提升虚拟现实中智能对象行为的社会性、多样性和交互逼真性，实现虚拟现实、增强现实等技术与人工智能的有机结合和高效互动。 2. 虚拟现实智能建模。研究广角立体显示技术、虚拟对象智能行为的数学表达与建模方法、虚拟现实可视化技术、智能交互技术、增强现实触觉/力反馈技术等，实现人跟虚拟现实环境间更智能的交互，推进其在医学、应急推演、工业仿真、军事航天、娱乐、地理、教育等领域的发展
吉林省	《关于促进"互联网+医疗健康"发展的实施意见》	2018年8月	推广应用数字化健康医疗智能设备。加强人工智能、虚拟现实技术在医疗卫生领域中的研究与应用
吉林省	《关于落实新一代人工智能发展规划的实施意见》	2018年6月	1. 突破虚拟现实智能建模技术、虚拟现实交互和其他学科专业教育的交叉融合 2. 突破高性能软件建模、内容拍摄生成、增强现实与人机交互、集成环境与工具等关键技术，推动长白山文化旅游、安全工程、侦破案件等融合应用 3. 将虚拟/增强/混合现实技术与技能教育培训有机结合，提供精准推送的教育服务

续表

发布部门	文件名称	发布时间	与产业相关叙述（节选）
江苏省	《中共江苏省委关于制定江苏省国民经济和社会发展第十四个五年规划和二〇三五年远景目标的建议》	2020年12月	加快建设制造强省。围绕先进制造业集群发展，全力打好产业基础高级化和产业链现代化攻坚战，率先建成全国制造业高质量发展示范区。加快壮大新一代信息技术（包含虚拟现实/增强现实产业）等高新技术产业，培育一批居于行业领先水平的国家级战略性新兴产业集群，打造一批具有全球影响力的知名品牌
	《关于进一步深化现代产业发展政策的意见》	2019年4月	意见中提到，支持企业攻关关键核心技术，尤其是虚拟现实等新一代信息技术产业
浙江省	《中共浙江省委关于制定浙江"十四五"规划和2035年远景目标的建议》	2020年12月	做优做强战略性新兴产业和未来产业。大力培育新一代信息技术（包含虚拟现实/增强现实）等产业，加快形成一批战略性新兴产业集群
	《数字宁波建设规划（2018—2022年）》	2019年4月	推进数字经济核心产业发展。大力推动5G、北斗导航、人工智能、虚拟现实、区块链、量子计算、信息安全等领域的技术创新与产品开发，建设人工智能开放创新平台，培育新的经济增长点
	《浙江省促进新一代人工智能发展行动计划（2019—2022年）》	2019年1月	鼓励产学研用相结合，加大对混合增强智能新架构和新技术、虚拟现实智能建模技术、自主无人系统、自然语言处理等关键核心技术的研究攻关，开发出具有自主知识产权的战略性标志成果产品
	《关于全面实施高等教育强省战略的意见》	2019年1月	加快浙江省高校在线开放课程共享平台建设，拓展教育资源，改造教育流程，转变教学方式，提升教育效能。探索建设基于增强现实、虚拟现实、混合现实技术的沉浸式学习环境

续表

发布部门	文件名称	发布时间	与产业相关叙述（节选）
福建省	《关于印发进一步激发文化和旅游消费潜力实施意见的通知》	2019年11月	加快虚拟现实技术、增强现实技术等新媒体手段在广播电视和网络视听节目制作播出和传输覆盖中的部署和应用
	《关于印发推动新一代人工智能产业发展若干措施的通知》	2018年12月	支持人工智能技术和产品研发，支持虚拟现实智能建模等技术的研发。在现行企业研发经费补助政策基础上，对企业用于人工智能技术研发项目的研发费再给予15%的奖励，每家企业每年奖励金额最高200万元
	《关于推动新一代人工智能加快发展的实施意见》	2018年3月	培育一批人工智能"双高"企业。充分发挥福建数字经济、智能制造、化工、新能源、电力和鞋服等领域的产业优势，在虚拟现实等新兴领域加快培育一批"单项冠军"，促进其发展成为高成长性企业和高新技术企业，形成经济新增长点
	《关于加快全省工业数字经济创新发展的意见》	2018年2月	依托数字福建（长乐）产业园已有基础，完善虚拟现实产业链
	《关于印发南平市数字信息产业发展规划（2017—2025年）的通知》	2017年11月	打造虚拟现实产业园和企业孵化器；重点发展虚拟现实影视、直播等内容；发展与虚拟现实相关的零部件产品
江西省	《中共江西省委关于制定全省国民经济和社会发展第十四个五年规划和二〇三五年远景目标的建议》	2020年12月	集聚壮大先发优势数字产业。用好世界VR产业大会平台，加快产业项目落地和示范应用，努力建设世界级VR中心。深入推进国家"03专项"试点，推动第五代移动通信技术融合应用，大力发展移动物联网产业，加快建设"智联江西"。积极培育大数据和云计算产业，形成一批有竞争力的大数据产品、解决方案和服务应用
	《江西省数字经济发展三年行动计划（2020—2022年)》	2020年4月	建立世界级虚拟现实中心；建设国家职业教育虚拟仿真实训基地
	《关于新时代推进普通高中育人方式改革的实施意见》	2020年3月	推动虚拟现实技术应用于教育教学等方面

续表

发布部门	文件名称	发布时间	与产业相关叙述（节选）
江西省	《进一步加快虚拟现实产业发展的若干政策措施》	2019年10月	1. 鼓励虚拟现实企业发展，给予奖励 2. 继续鼓励技术创新，予以补助 3. 加大虚拟现实产业的招商引资力度 4. 加快虚拟现实技术的应用推广，并对推广予以补助支持 5. 培养相关人才，予以奖励 6. 为企业投融资提供政策扶持 7. 持续提升虚拟现实产业对公共服务的水平
	《大南昌都市圈发展规划（2019—2025年）》	2019年7月	围绕南昌市和昌北国际机场，发展虚拟现实产业
	《江西省虚拟现实产业发展规划（2019—2023年）》	2019年6月	1. 鼓励虚拟现实和其他产业的融合，激发产业转型 2. 发展和虚拟现实相关联的产业，拓展产业发展领域 3. 建设一批龙头企业主导、创新能力突出、辐射带动力强的VR特色小镇、VR产业基地、VR应用示范基地、VR创新孵化基地等载体
	《江西省教育厅关于加快推进虚拟现实产业发展方案（2019—2023年）》	2019年5月	通知提出努力把江西打造为虚拟现实产业集群和创新高地的目标，提升江西省高校服务虚拟现实产业发展能力，为江西省VR产业发展提供人才保障和智力支持
	《2019年虚拟现实产业发展工作要点》	2019年4月	将重点建设1~2个虚拟现实产业基地，2~3个虚拟现实应用示范基地、虚拟现实创新孵化基地，力争全年虚拟现实相关产业产值达到100亿元、招商引资达到300亿元
	《加快推进虚拟现实产业发展的若干措施》	2018年10月	1. 鼓励虚拟现实产业的技术创新，对承担虚拟现实国家项目的相关孵化器和平台予以补助和奖励 2. 对虚拟现实产品的推广应用给予补助和奖励 3. 培养和引进虚拟现实领域人才，并给予奖励 4. 对虚拟现实产业想要上市的企业给予扶持 5. 对虚拟现实相关企业的上市予以支持 6. 提升虚拟现实产业对公共服务的水平

续表

发布部门	文件名称	发布时间	与产业相关叙述（节选）
江西省	《江西省新经济企业孵化器认定管理办法（试行）》	2018年7月	入驻企业主要聚焦在虚拟现实等领域
	《赣州市国家康复辅助器具产业综合创新试点实施方案》	2018年6月	把虚拟现实技术应用在康复辅助器具产业上
	《中共江西省委、江西省人民政府关于深入实施工业强省战略 推动工业高质量发展的若干意见》	2018年5月	重点发展虚拟现实与增强现实，加强人工智能技术和产品在经济社会各领域应用，培育若干人工智能产业集聚区。举办世界VR产业大会，打造南昌世界级VR产业基地
	《宜春市加快推进教育信息化工作实施方案》	2018年1月	推动虚拟现实应用在校园中的应用，推动智慧校园建设
山东省	《关于大力推进"现代优势产业集群+人工智能"的指导意见》	2019年5月	1. 新一代信息技术产业智能提升工程。促进人工智能、物联网、大数据等与硬件产品的融合，促进虚拟现实等技术与软件的融合，提升网络安全领域人工智能应用水平。 2. 鼓励基于虚拟现实、增强现实等新技术、新装备创作数字文化作品和产品。适应互联网、智能终端传播特点，加强大数据挖掘与加工，提供个性化文化服务
河南省	《信阳市加快5G产业发展三年行动计划（2020—2022年）》	2020年8月	做大5G产业规模。提升5G终端配套产品生产制造能力。积极引进虚拟现实/增强现实设备、可穿戴设备领域的企业或重点项目
	《关于印发河南省新型显示和智能终端产业发展行动方案等8个方案的通知》（其中包含《河南省5G产业发展行动方案》《河南省新一代人工智能产业发展行动方案》）	2019年1月	经过3~5年努力，在自动驾驶、超高清视频、VR/AR（虚拟现实/增强现实）、物联网、健康医疗等领域的示范应用走在全国前列；5G产业规模超过1 000亿元。

续表

发布部门	文件名称	发布时间	与产业相关叙述（节选）
湖北省	《湖北省新一代人工智能发展总体规划（2020—2030年)》	2020年9月	1. 推动虚拟现实在智能教育的应用。推进虚拟仿真实验教学，加快建设在线智能教室、智能实验室、虚拟工厂（医院）等智能学习空间。 2. 突破一批重点关键技术瓶颈。加强虚拟现实智能建模技术等核心共性技术攻关
	《湖北省疫后重振补短板强功能新基建工程三年行动实施方案（2020—2022年)》	2020年9月	在湖北省推进增强现实/虚拟现实技术应用，建设30个AR/VR远程课堂
	《湖北省推进城市安全发展的实施意见》	2019年9月	加快城市安全科技创新、重点研发安全教育培训虚拟现实技术实操体验、无人驾驶等项目
	《关于印发湖北省5G产业发展行动计划（2019—2021年）的通知》	2019年7月	实施5G行业应用"十百千"工程，赋能、赋智，赋值我省制造业、现代服务业等重点领域高质量发展，带动5G产业发展。重点推进虚拟现实/增强现实/混合现实等十大领域的5G应用
湖南省	《中共湖南省委关于制定湖南省国民经济和社会发展第十四个五年规划和二〇三五年远景目标的建议》	2020年12月	推动制造业高质量发展。保持制造业比重基本稳定，巩固壮大实体经济根基。重点发展新一代信息技术（包含虚拟现实/增强现实产业）等产业，壮大发展新动能，形成竞争新优势。实施智能制造赋能工程，加快信息技术与制造业深度融合，推动产业向价值链中高端迈进
	《湖南省大数据产业发展三年行动计划（2019—2021年)》	2019年1月	要加快关键技术研发，密切跟踪区块链、虚拟现实、增强现实等前沿技术
四川省	《四川省康复辅助器具产业实施规划（2019—2021年)》	2019年9月	发展基本康复辅助器具，为贫困残疾人等困难群体提供适配型产品供给。支持虚拟现实等新技术在康复辅助器具产品中的集成应用。鼓励虚拟现实康复训练设备等产品研发，形成一批高智能、高科技、高品质的康复辅助器具产品
	《四川省新一代人工智能发展实施方案》	2018年9月	攻关核心软硬件技术，在虚拟现实与增强现实等领域形成专用人工智能芯片和高效并行计算平台

续表

发布部门	文件名称	发布时间	与产业相关叙述（节选）
贵州省	《关于印发贵州省大数据新领域百企引领行动方案的通知》	2019年11月	推进5G创新应用示范。聚合政策、技术、实验室、资本、人才等多种资源，构建"研究—应用—融合"的5G融合应用生态圈。深化5G与人工智能的协同发展，支持贵州省5G大数据创新研究中心建设，支持开展5G在虚拟现实等具有超高移动性、超高流量需求等场景的应用示范和创新试验
陕西省	《中共陕西省委关于制定国民经济和社会发展第十四个五年规划和二〇三五年远景目标的建议》	2020年11月	打造全国重要的先进制造业基地。坚持创新驱动、智能制造、产业融合、集群发展，建设关中先进制造业大走廊，形成万亿级先进制造业集群。深入推进战略性新兴产业集群发展工程，加快新一代信息技术（包含虚拟现实/增强现实）等支柱产业提质增效
陕西省	《关于进一步扩大和升级信息消费持续释放内需潜力的实施意见》	2018年9月	1. 拓展电子产品应用。支持推动虚拟现实、增强现实产品研发及产业化，支持可穿戴设备等产品创新和产业化升级。 2. 支持企业加快线上线下体验中心建设，积极运用虚拟现实、增强现实、交互娱乐等技术丰富消费体验，培养消费者信息消费习惯
青海省	《中共青海省委关于制定国民经济和社会发展第十四个五年规划和二〇三五年远景目标的建议》	2020年12月	促进产业跨界融合发展。加快产业数字化、数字产业化进程，推进产业生产方式和企业形态深度变革。推动新一代信息技术（包含虚拟现实/增强现实技术）与制造业融合发展，开展"5G+工业互联网"集成创新应用试点示范，实施"上云用数赋智"行动，推动智能工厂、智能车间建设。发展数字化现代服务业，推动新一代信息技术在教育、医疗、养老、文旅、商贸等领域的广泛应用
北京市	《北京市教育委员会转发教育部关于加强和改进中小学实验教学的意见的通知》	2020年6月	推进虚拟现实在教学中的应用
北京市	《北京市住房和城乡建设委员会关于进一步做好常态化疫情防控期间房地产开发项目售楼场所管理的通知》	2020年5月	使用虚拟现实技术等非直接接触方式，开展线上楼盘展示、宣传等营销活动

续表

发布部门	文件名称	发布时间	与产业相关叙述（节选）
北京市	《北京市人民政府防汛抗旱指挥部关于印发2020—2022年防汛工作行动计划的通知》	2020年4月	利用虚拟现实技术，提高首都防汛工作的现代化水平
	《北京市推进全国文化中心建设中长期规划（2019年—2035年）》	2020年4月	1. 运用虚拟现实技术来进行社会宣传 2. 推动虚拟现实的自主研发
	《中关村科技园区管理委员会关于支持科技"战疫"，促进企业持续健康发展有关工作的通知》	2020年2月	虚拟现实等技术产品在抗击疫情一线的创新应用
	《关于坚持以人民为中心推进一体化网上政府建设的工作方案》	2019年4月	方案指出运用云计算、大数据、区块链、物联网、人工智能、虚拟现实等技术，推进政府网站深度学习、自主操控、人机协同，优化智能搜索、智能互动功能，开发智能推送等功能
	《北京市教师教育振兴行动计划实施办法（2018—2022年）》	2019年3月	利用虚拟现实技术推进教育服务平台的建设和应用
	《关于推动北京影视业繁荣发展的实施意见》	2019年2月	要促进影视业与科技产业融合发展，围绕大数据、人工智能、虚拟现实、增强现实、4K/8K超高清、下一代广播电视网（NGB）等关键技术，建设一批影视科技融合发展重点实验室，培育和发展新兴影视业态，努力构建影视业高精尖产业结构
	《关于印发北京市促进金融科技发展规划（2018—2022年）的通知》	2018年11月	加快虚拟现实等新兴移动互联网关键技术布局，并早日应用于金融科技领域
	《北京市教育委员会关于开展2017年度示范性虚拟仿真实验教学项目遴选推荐工作的通知》	2017年10月	利用虚拟现实等技术，提高实验教学项目的吸引力和教学的有效度

续表

发布部门	文件名称	发布时间	与产业相关叙述（节选）
北京市	《中关村国家自主创新示范区人工智能产业培育行动计划（2017—2020年)》	2017年9月	重点发展与智能家居相关的虚拟现实设备应用
	《关于促进中关村虚拟现实产业创新发展的若干措施》	2016年10月	对企业采购设备、科研平台建设、技术成果、孵化器平台建设、人才引进、突出贡献企业进行补贴
天津市	《中共天津市委关于制定天津市国民经济和社会发展第十四个五年规划和二〇三五年远景目标的建议》	2020年11月	优化创新空间。围绕产业链部署创新链，围绕创新链布局产业链，充分发挥滨海新区在全市创新格局中的引领作用。高水平建设包含虚拟现实/增强现实在内的国家新一代人工智能创新发展试验区等未来产业引领区
	《天津市促进数字经济发展行动方案（2019—2023年)》	2019年6月	要推行智慧教育，大力发展"互联网+"教学和技能培训，运用虚拟现实与增强现实等数字化教学培训手段，提升教育教学方式的灵活性和互动性
	《河西区新一代人工智能产业发展三年行动计划（2018—2020年)》	2019年5月	1. 要实施智能终端产品产业化工程。突破虚拟现实、增强建模、增强现实与人机交互、集成环境与工具等关键技术。 2. 推进人工智能、虚拟现实、文创娱乐融合发展，打造浸入式体验文旅项目
	《关于转发市科技局拟定的天津市人工智能"七链"精准创新行动计划（2018—2020年）的通知》	2018年12月	强化产业链源头供给，提升基础支撑能力，弥补产业链薄弱环节。强化基础研究部署，布局虚拟现实等关键共性技术研究，为产业链提供开放兼容的技术支撑
	《天津市加快推进智能科技产业发展总体行动计划和十大专项行动计划的通知》	2018年7月	1. 突破虚拟现实、增强建模、增强现实与人机交互、集成环境与工具等关键技术。 2. 研制显示器件、光学器件、显示器、头戴式显示设备以及其他可戴式智能终端设备。 3. 发展虚拟现实在智能农业、电子商务和文化创意等几个方面的应用

续表

发布部门	文件名称	发布时间	与产业相关叙述（节选）
上海市	《上海市中等职业学校示范性虚拟仿真实训室建设指导意见》	2020年5月	通过虚拟现实/增强现实技术进行虚拟仿真实训教学项目
	《上海市促进在线新经济发展行动方案（2020—2022年)》	2020年4月	推进虚拟/增强现实等新技术在研发设计方面的应用
	《上海5G产业发展和应用创新三年行动计划（2019—2021年)》	2019年9月	发展基于5G通信技术的虚拟现实产品研发和产业化，把虚拟现实产业打造成为5G时代的基础应用
	《推进上海马桥人工智能创新试验区建设工作方案》	2019年7月	1. 发展虚拟现实领域的智能终端产品创新企业。 2. 把虚拟现实技术应用到智能小区中
	《2019年度上海市新一代信息基础设施建设项目申报通知》	2019年6月	发展虚拟现实技术与智慧医疗、智慧教育、文创体育、智慧旅游等几个方面的结合应用，并对成功申报的项目给予财政补贴
	《闵行区推动新一代人工智能产业发展的实施意见》	2018年10月	1. 发展虚拟现实设备与智能家居融合的应用。 2. 发展虚拟现实领域的硬件供给
	《上海市工业互联网产业创新工程实施方案》	2018年7月	把虚拟现实技术应用到工业互联网中
	《上海市高级人民法院关于为上海国际航运中心建设提供司法服务与保障的若干意见》	2018年7月	将虚拟现实等前沿信息技术运用到系统平台中，打造智慧法院
	《上海市全面推进"一网通办"加快建设智慧政府工作方案》	2018年4月	应用虚拟现实技术提升网上政务服务个性化、智能化水平

续表

发布部门	文件名称	发布时间	与产业相关叙述（节选）
广西壮族自治区	《"壮美广西·智慧广电"工程实施方案》	2019年4月	要建设"壮美广西·智慧广电"内容生产体系，积极利用人工智能、虚拟现实、混合增强等新技术
	《贯彻落实新一代人工智能发展规划的实施意见》	2018年5月	1. 突破人工智能产业核心关键技术。加快部署新一代人工智能关键共性技术的研发，重点突破虚拟现实智能建模技术等关键共性技术研究。 2. 大力发展包括虚拟现实在内的人工智能新兴产业。支持企业布局全息、激光、柔性等前瞻显示技术，推进虚拟现实、增强现实、裸眼3D（三维）显示等技术与产品的开发及应用。重点研发面向游戏、娱乐、医疗、工业等领域的虚拟现实硬件产品
	《广西壮族自治区人民政府关于贯彻落实新一代人工智能发展规划的实施意见》	2018年4月	1. 虚拟现实智能建模技术的突破。 2. 支持企业推进虚拟现实、增强现实等技术与产品开发和应用。重点研发面向游戏娱乐、医疗、工业等领域的虚拟现实硬件产品
内蒙古自治区	《关于强化实施创新驱动发展战略进一步推进大众创业万众创新深入发展的实施意见》	2018年4月	加快推动高速、移动、安全、泛在的新一代信息基础设施建设，推进电信普遍服务。深化虚拟现实等新一代信息技术在政府治理、公共服务、产业发展等领域的应用
宁夏回族自治区	《中共宁夏回族自治区委员会关于制定国民经济和社会发展第十四个五年规划和二〇三五年远景目标的建议》	2020年12月	建设高质量教育体系。建设国家级虚拟仿真实训中心，深化职普融合、产教融合、校企合作，提升技工教育质量，促进"双元"育人，增强职业技术教育适应性，建设高素质产业工人队伍
	《关于促进5G网络建设发展的实施意见》	2020年1月	1. 到2025年年底，基本建成覆盖城乡的5G网络，5G基站数达到3万座，5G各类用户达到300万户。5G在虚拟现实/增强现实/混合现实等领域实现规模化商业应用。 2. 加快推进重点景区5G网络覆盖，优化景区网络环境，打造景区AR/VR虚拟游览体验。 3. 稳步推进基于5G低时延、高带宽、高并发特点的VR/AR/MR技术，在智能制造、工业和建筑设计、健康医疗、游戏娱乐、旅游体验、文化传播等领域的应用，充分调动和发挥VR/AR/MR技术提升生产工作效率、助力企业快速发展的优势

广东省虚拟现实产业技术创新联盟
主要单位和典型产品

广东省生产力促进中心（联盟理事长单位）

广东省生产力促进中心

广东省生产力促进中心（以下简称"中心"）是广东省科技厅直属副厅级事业单位，是国家级示范生产力促进中心，多次荣获全国生产力促进服务贡献奖。作为综合性高新技术产业发展的研究、咨询、服务机构，其拥有高水平的研究、服务团队。中心秉承"打造专业化科技综合服务体系，支撑政府决策管理，服务企业创新发展"的理念，致力于产业专业研究、政府政策建议、区域科技发展规划"一体化"贯通落地；着力加强科技金融等智库建设，成为广东省各级政府科技智库服务组织者；持续推动科技成果转移转化，助力产业转型升级；广泛开展创新创业和为企业发展服务，为创新发展营造良好氛围；不断完善技术转移转化服务线上线下平台，为技术供需双方提供全方位的科技服务；着力科技人才培训、管理咨询等综合服务，为科技中小企业创新赋能。图1为中心本部大楼。图2为中心组织架构。

中心自成立以来积极整合国内外科技资源，建立了以广东省生产力体系、广东省产学研合作促进会、广东省科技金融综合服务中心、粤港澳大湾区科技服务联盟及珠三角技术转移联盟为主体的"1+4+N"科技服务网络体系，形成了"科技智库、科技金融、技术转化、科技培训、科技孵化"为主的业务体系。中心下属广东软件科学园连续多年被评为省级双创示范基地、国家级优秀（A类）科技企业孵化器。

图1 中心本部大楼

图2 中心组织架构

广东海火虚拟现实技术服务有限公司

1. 公司简介

广东海火虚拟现实技术服务有限公司（以下简称"海火公司"）是在广东省生产力促进中心的直接领导下，由广东省虚拟现实产业技术创新联盟的骨干龙头企业通过汇聚资源组建的新型专业化产业服务运营载体公司。海火公司通过构建面向产业集群的科技服务管理模式，为企业、园区、地方政府、产业提供"咨询＋规划＋技术＋运营＋生态"的全要素链条科技创新服务运营方案。

2. 产业创新综合体生态运营

作为广东省虚拟现实产业技术创新联盟的主体承载单位，海火公司搭建了基于新一代信息技术、人工智能、文创等主要领域的产业创新综合体生态运营平台。平台集聚了企业研发机构、科研院所、创业孵化载体、公共服务平台、金融机构等资源，通过对接国内外产业资源，建立了涵盖现代服务业全产业链全生命周期的服务体系，力争成为粤港澳大湾区人才集聚的高地、科技创新的载体、成果转化的平台。将整合高校和科研院所20所以上，汇聚产业高端人才2 000人左右，年创造具有核心竞争能力的重大技术20项以上，为500家以上的企业提供直接技术支持。

联盟目前建成了佛山国家高新区（拓思）未来企业孵化中心（图3）果壳联合空间（广州）科技企业孵化器（图4）、南京幸庄科技产业园、南昌虚拟现实VR产业基地等创新载体项目，运营面积超过30万平方米，服务企业200家以上，已经逐步形成了围绕创新创业生态链的"孵化器—加速器—产业园"的功能布局。

图3 佛山国家高新区（拓思）未来企业孵化中心

图4 果壳联合空间（广州）科技企业孵化器

广州幻境科技有限公司

1. 公司简介

广州幻境科技有限公司成立于2016年,是一家通过国家高新技术企业认定、国家知识产权贯标认证、ISO 9001质量认证的独角兽企业,建有广东省人工智能与虚拟现实交互工程技术研究中心、广东省先进核能人工智能与虚拟现实工程技术研究中心两大省级创新平台。2019年获得广东省科技进步奖一等奖,2020年被评为广东省知识产权示范企业;广州市"高精尖"企业;牵头发布"T/GDVRA 01—2020《可穿戴手势交互设备》""T/GDVRA 02—2020《虚拟现实文娱科普体验设备》"两项团体标准。

2. 典型产品

"触点Non Contact"无接触梯控设备(图5)。

"触点Non Contact"是一种非接触的触控技术,在无须改变实体按键形态的前提下,让实体按键具备悬空触控的功能。解决因接触而引发的交叉感染问题,减少细菌接触传播的可能性。该技术具有识别范围大、精度高、成本低、交互方式自然合理、扩展性强等优势,对非接触技术的推广和普及有着明显的优势。

图5 无接触梯控设备

广州博士信息技术研究院有限公司

1. 公司简介

广州博士信息技术研究院有限公司(以下简称"博士科技")创立于2004年,源自2001年广州市政府发起成立的广州博士俱乐部。"服务创新,成就产业",博士科技始终站在中国科技服务产业的最前端,引领产业变革,率先打造了科技服务产业互联网平台,发展成为资源链接海内外、服务覆盖全国、综合实力领先的创新基建领军企业和产业创新生态运营商。

2. 典型产品

博士科技"科创强企工程"项目(图6)。

该项目通过开展产业全景分析、企业内部创新体系构建及创新链资源圈层的形式,打通产业链资源的互通,解决企业在创新发展中的人才、技术、资金问题,助力企业成长;致力于进一步加强企业家创新队伍建设,充分发挥企业家在创新驱动中的组织管理和引领带动作用。"科创海"(图7)项目则面向企业提供政策应用及创新资源的全链服务平台,是"博士云"科技创新产业互联网大数据平台的重要组成部分。

图6 科创强企工程　　　　　　图7 科创海

广州卓远虚拟现实科技有限公司

1. 公司简介

广州卓远虚拟现实科技有限公司（以下简称"卓远公司"，旗下有娱乐品牌"幻影星空"、科普品牌"普乐蛙"）是一家贯穿创意、研发、内容、生产、销售、运营和服务全产业链的国家高新技术企业，研发生产实力雄厚，拥有占地30 000平方米的现代化标准生产基地，设有3 000平方米的研发中心，先后通过了《ISO 9001质量管理体系》《企业知识产权管理规范》等认证，荣获广东省科学技术奖科技进步一等奖（行业省级首次）、广州市创新标杆企业、广州市科技创新小巨人企业等荣誉。卓远公司占地面积如图8所示。

2. 典型产品

卓远公司以打造高品质VR应用解决方案为使命，涵盖VR泛娱乐、VR科普教育、VR文化旅游、VR驾校等多领域，旗下动感极限、射击竞技、赛车竞速、极限飞行、科普教育等几十余款产品领跑市场。卓远公司已先后落地上千个万达广场、王府井等商业中心VR娱乐项目，和澳门科学馆、港珠澳大桥、西安大唐不夜城、长沙铜官窑古镇等上百个知名景区VR文旅项目，以及广东科学中心、湖南常德科技馆等数十个国家科技馆VR科普项目。卓远公司产品如图9所示。

图8　卓远公司占地面积

图9　卓远公司产品

深圳纳德光学有限公司

1. 公司简介

深圳纳德光学有限公司(以下简称"纳德光学公司")是集研发、生产和销售于一体的 AR/VR 高清近眼显示领域的技术领先企业、国家高新技术企业,其致力于为用户打造美好视觉、健康视觉、智能视觉。纳德光学公司成立于 2015 年,核心团队包括香港科大光电博士和世界顶级光学公司资深技术人员,在近眼显示光学设计、高精密成像系统设计与制造、高端显示图像驱动引擎、人体工学设计等领域有十余年的丰富经验,掌握核心技术(图10),拥有国内外专利近 80 项。纳德光学公司已获得多家知名投资机构近亿元投资。

2. 典型产品

基于微显示的高清晰 VR 头显(图11、图12)。

基于硅基微显示的 VR 头显,是国内唯一具有"大视场角可调屈光度全画面高像质"特性的高性能近眼显示,是 5G 时代新型显示方式,其具有超高清、无畸变、无时延、不晕眩、裸眼3D、护眼等优势,是全球最清晰的头戴3D影院,为行业标杆,并广泛应用于游戏、网课、无人机 FPV、视觉健康、手术机器人、无人驾驶、军事模拟训练、5G 直播等领域。

图10　掌握核心技术

图11　GOOVIS Pro

图12　GOOVIS 高清头戴显示

深圳市瑞立视多媒体科技有限公司

1. 公司简介

深圳市瑞立视多媒体科技有限公司是专注于光学空间定位动作捕捉、大空间 VR 多人交互和智能人机交互核心技术研发的国家级高新技术企业。该公司基于自主研发的红外光学相机硬件和动作捕捉算法,以复杂环境下的多人智能交互方式为核心,以沉浸场景式体验为主线,为文旅体验、创意展示、教育培训、军事训练、影视拍摄、游戏动画制作、体育运动姿态分析、工业高精度定位和轨迹追踪等领域提供沉浸式交互以及高精尖动作捕捉应用解决方案。

2. 典型产品

全息 3D 智能交互数字虚拟沙盘(图 13)。

项目面向未来教育信息化、多媒体展览、军事模拟仿真、工业仿真设计、医疗仿真培训等领域,基于光学定位技术的视点追踪全息 3D 双视角人机交互系统,利用计算机虚拟三维仿真技术与全息 3D 光学成像技术,以场景三维立体化展示形式,达成动态视觉效果和全方位展现,同时利用自主研发的动作捕捉人机交互技术,通过对人和操控手柄的定位,将定位数据和内容场景进行交互,操控手柄发出指令对全息 3D 内容实时操控,展示目标空间轴的整体与局部、时间轴的历史与未来等动态内容。

图 13 全息 3D 智能交互数字虚拟沙盘

广州上古科技有限公司

1. 公司简介

广州上古科技有限公司是一家立足于3D实时交互可视化的创新企业，业务主要以数字孪生智慧城市、智慧景区、智慧园区、虚拟现实、HoloLens开发（MR）等交互系统开发为主。公司成立于2017年，坚持自主技术研发创新，以优质的客户服务持续推动行业的发展。2019年入围第八届中国创新创业大赛广州赛区，2019年获得守合同重信用企业荣誉，2020年在广东股权交易中心作为展示企业。

2. 典型产品

数字孪生智慧城市运营管理平台（图14~图16）。

平台应用于城市的管理部门、企业主体、合作单位等，以城市基建、生态、建筑等组成的数字三维城市为基础，融合大体量城市级BIM、GIS三维数据，利用高精度城市信息模型、全域布局的智能设施感知、安全高效的智能专网和智慧城市功能，构建一个与物理世界相匹配的数字孪生城市。结合场景化叙事，用户可实现在三维立体世界中自由拖拽，与对应的数据进行互动，从宏观到微观帮助用户更快地理解数据做出时效性决策。

图14　上古孪生地球数字底盘

图15　华侨城智慧城市运营管理平台

图16　昆山高新区数字孪生园区管理平台

视境技术(深圳)有限公司

1. 公司简介

视境技术(深圳)有限公司主要从事虚拟现实/增强现实技术相关的智能穿戴设备软硬件研发、生产以及销售,在大空间定位和内感知定位方面处于行业领先水平,并且成功地将技术转化为可商用的产品。视境 SVR 平台可以低成本快速高效部署,实现虚拟和现实空间位置关系映射、手势控制以及语音控制,是连通现实和虚拟空间的桥梁,把参与者带入想象力的世界。

2. 典型产品

SVR 平台(图 17)。

SVR 平台应用于大型虚拟主题公园、游乐场、展厅、博物馆等,拥有超大空间定位(超 10 000 平方米立体空间 3D 定位)、高精度(位置空间误差 < 10 厘米)、低延时(< 10 毫秒)、低成本(内跟踪空间定位和现实空间面积无关,不会因为面积增加成本)、快捷部署(对环境无特殊需求)、多人互动(状态和数据同步)等特点。

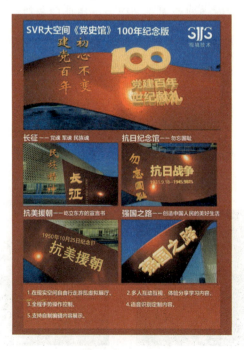

图 17 SVR 平台

广州市影擎电子科技有限公司

1. 公司简介

广州市影擎电子科技有限公司（旗下品牌：影动力）是一家专注于 VR、AR、4D 动感技术的创新、研发、生产、销售及运营服务的国家高新技术企业，荣获中国好技术、广州市科普教育基地、2020 年创新之星十强企业等荣誉称号，拥有 ISO 9001 质量管理认证体系、知识产权管理体系认证证书以及 AAA 合同守信用等级证书。影擎电子基于 AI 智能传感、感知交互、5G 通信等先进技术，研究体感交互设备在 VR 技术中的应用，研究方向主要为 AI 智能语音交互、环境特效、人/物感应、运动模拟等系统技术，打造 VR 娱乐、VR 科普（爱国、生命安全、未来科技）教育、VR 文旅等领域的沉浸式体验智能场景。

2. 典型产品

VR 全感空间（图 18、图 19）。

VR 全感空间是与爱奇艺联合打造的沉浸式 VR 新技术，目前处于领先地位，它是 VR 技术与电影的完美结合，1∶1 还原电影，极具未来感"超次元"社交空间，利用全感硬件装置体系，配合国际最高精度的定位方案，构建起覆盖触觉、嗅觉、听觉、视觉、震动、热感、风感、重力等感官在内的，让人身临其境的沉浸式 VR 新体验。

图 18　VR 全感空间产品图（一）

图 19　VR 全感空间产品图（二）

天度（厦门）科技股份有限公司

1. 公司简介

天度（厦门）科技股份有限公司是一家专注于未来教育解决方案、实验实训室解决方案以及教育合作的高新科技企业。该公司历经10年发展与沉淀，目前已研发出具有自主知识产权及专利的虚拟化仿真引擎、编辑工具及TDuVR云平台，并获得了仿真引擎、机电、模具、医疗护理、药学、教育云平台等多个产品的著作权证书。该公司于2014年通过双软企业认定，2016年通过高新技术企业认定，2017年通过ISO 2015质量管理体系认证，2017年通过厦门市创新型（试点）企业认证，2018年在厦门两岸股权交易中心挂牌与股改，2020年通过厦门市重点上市后备企业评选。

2. 典型产品

老年照护仿真交互训练系统（图20）。

系统是依托"VR虚拟现实"技术而产生和发展的一种实训训练模式。该系统与十四五规划提出的居家养老、社区养老、养老服务信息化建设等政策信息高度契合，将广泛应用于为高校培养实用型学生教学及社区养老照护体系当中。

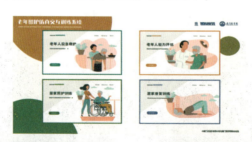

图20 老年照护仿真交互训练系统

北京冰河世界科技有限公司

1. 公司简介

北京冰河世界科技有限公司是一家专注虚拟现实内容制作、技术服务、产品研发的国家高新科技企业。该公司通过 VR 等高科技传承革命精神，弘扬红色文化，为各企业、单位组织党建活动和党建培训提供服务。该公司主要为各类展馆、各类党建培训场景提供针对性落地方案，通过大量的 VR 党建内容和先进的播控系统提供一整套解决方案。目前该公司研发的成品内容将近 20 款，覆盖党史、长征、抗日战争、廉政教育、新时代、十九大等学习内容，在全国各地落地 100 家以上。

2. 典型产品

创新型 VR 科技党建平台（图 21）。

平台在党的理论指导下通过 VR 技术复原中国共产党历史中的重要事件，让学习者通过 VR 头盔，身临其境地感受历史和参与到事件当中，提升学习者的学习兴趣，增强其学习力度和学习效果，通过虚拟技术还原红色革命历史环境，实现沉浸式学习。通过重走长征路，重温革命圣地红色历史瞬间，走近革命先烈，直观感受红色精神，从多维度提升党员实践能力。

图 21　创新型 VR 科技党建平台

沈阳劳谦科技有限公司

1. 公司简介

沈阳劳谦科技有限公司成立于 2018 年 1 月,位于沈阳市和平区,在高新技术应用领域中专业从事虚拟现实/增强现实系统开发及销售。该公司本着"诚信务实,用心服务"的核心理念,专心为客户提供全面拓展现实(XR)信息化解决方案,致力于成为优秀的 XR 方案设计及研发单位。该公司秉承以用户需求为核心,不断开拓市场,依托 HTC VIVE 及 Hololens2 等尖端虚拟/增强硬件产品,使用 UE4、Unity 等优秀开发工具,为客户提供专业的 AR、VR 内容,搭建高品质的使用环境。

2. 典型产品

小镇 VR 导览、安全实训系统、炮兵指挥学院 XR 教室、主机厂基于 MR 技术的辅助装配。

2019 年 7 月,制成阜新宝地斯帕小镇 VR 导览,全景拍摄及网页端制作,本地服务器软件配置。2019 年,在煤炭科学研究总院抚顺分院,搭建了安全实训中心 CAVE 系统。2020 年,在石家庄炮兵指挥学院完成 XR 教室、XR 教学环境搭载。2020 年,在某主机厂完成基于 MR 技术的辅助装配。该公司的产品图和项目图如图 22、图 23 所示。

图 22 产品图

 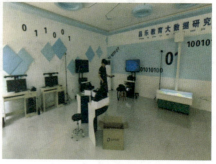

图 23 项目图

广州壹传诚信息科技有限公司

1. 公司简介

广州壹传诚信息科技有限公司（以下简称"壹传诚VR"），是一家集虚拟现实内容制作、技术服务、产品研发于一体的高新科技企业。壹传诚VR成立于2014年，一直致力于虚拟仿真技术软件研发、多媒体交互、人工智能仿真课件研发，产品包含为文化和科技科普教育展馆提供的多媒体交互产品、VR/AR安全科普领域的产品、VR/AR红色文化教育领域的产品，以及教育领域的人工智能仿真课件。

2. 典型产品

VR爱国主义教育/VR校园安全教育系列（图24~图26）。

VR+互动教育能够增强学生的学习兴趣和创造性思维，VR沉浸式的学习体验打破了时间和空间的局限，为学生带来身临其境的学习感受。知识点结合场景化学习，让学生置身于逼真的学习情景中，可加深其学习印象。将VR+互动融入"爱国主义教育"及"校园安全教育"这两大系列主题的教学实践中，不仅能够大大提升学生的学习效果，还能减轻教师的教学负担，教育优势非常显著。

图24　校园安全

图25　红色文化教育

图26　爱国和安全教育

深圳思谋信息科技有限公司

1. 公司简介

深圳思谋信息科技有限公司（以下简称"思谋科技"）成立于2019年12月，是行业领先的新一代视觉AI前沿技术企业，致力于AI视觉体系架构在超高清视频领域的落地应用。思谋科技由香港中文大学终身教授IEEE Fellow贾佳亚主导创立，核心团队深耕计算机视觉领域20余年，公司业务覆盖中国及海外市场，合作客户来自文娱传媒、互联网、智能终端等多个行业。

2. 典型产品

基于AI超高清视频技术的VR内容增强系统。

思谋AI超高清视频技术，提供视频超分辨率、视频插帧、噪声去除、色域增强和视频画面修复等功能，可有效提升采集和呈现设备的视频成像画质。思谋"至臻"超高清视频增强一体机（图27），可为视频呈现设备输出高分辨率、高帧率、高质量视频。在同等分辨率情况下，画质更清晰更细腻，从而提升和改善当前VR视频、游戏等场景下由于分辨率或帧率不足造成的眩晕、沉浸感差等各种问题。产品已应用于多个VR内容增强项目，取得了良好的市场反响。

图27 思谋"至臻"超高清视频增强一体机

深圳点指互动信息科技有限公司

1. 公司简介

深圳点指互动信息科技有限公司成立于2013年，基于5G XR行业多年积累的技术、产品及优秀的商脉资源，以"MMC 5G XR世界格斗冠军赛"等系列赛事及优势行业资源布局为依托，以新型格斗赛事（MMC战神录、MMC格斗少女、MMC甲武道等）IP为核心，合力创造格斗搏击及VR行业领先的XR内容及应用解决方案。

2. 典型产品

点指互动MMC战神录5G XR内容。

点指互动5G XR将在格斗与搏击行业全面、持续地推广品牌产品，用先进、创新的XR内容和技术产品，生动地向世界传递快乐和健康。在发扬中国文化和高新科技的同时，成为国际一流的健体文娱科技公司。点指互动图如图28所示。

图28　点指互动图

三极光电科技（苏州）有限公司

1. 公司简介

三极光电科技（苏州）有限公司是一家集三十年全息技术传承，以全息衍射光学产品研发为主的高科技企业，由从事全息衍射光学三十年研发生产的兵器工业高级工程师领衔，在全息技术，尤其是全息光学元件（HOE）研发制造技术上具有雄厚的工艺沉淀。该公司以前瞻性的视角不断进行产业升级，广泛应用于 AR 增强现实、测量、测试、定位、扫描、光谱成像等基础领域，涉及天文、航空航天、军事瞄具、AR 设备、消费电子、车载、光刻机等应用。

2. 典型产品

全息衍射光波导、AR 视网膜投影。

三极光电科技研制出国产百元级高像质全息衍射光波导和国产对角 85°视网膜投影 HOE，其中在 AR 方向的丰硕成果是全息衍射光波导——全息衍射光学器件的一种产品。该公司是中国首家自主体全息波导突破并达到应用级批量生产的单位、中国首单自主研制成功二维扩瞳全息光波导单位、中国首家自主研制成功并小批量生产全彩色全息光波导的单位、中国首家自主研制成功大视场角达 85°的 AR 视网膜投影 HOE 单位、中国首家自主研制成功大面积飞行及车载大面积波导单位、中国首家自主研制的全息波导在性能上比肩国际同行并在关键指数如图像质量上领先全球的单位。项目/产品图如图 29 所示。

图 29　项目/产品图

广州艾迪普设计有限公司

1. 公司简介

广州艾迪普设计有限公司作为一家"艺术＋技术＋新融媒"的整合服务公司，于2010年在广州开设分部。该公司以"传媒＋"的思维，正在广泛赋能各行各业，在政务、医疗、金融、教育、电商、气象、大数据等领域不断地探索实践。

2. 典型产品

该公司典型产品如图30～图33所示。

图30 艾·服务（AR/VR虚拟现实制作及技术）： 图31 艾·直播（活动及AR/VR直播服务）：
广东台《飞越广东》、江苏气象《一带一路》等 春晚项目、北京两会项目、"王者荣耀"音乐会等

图32 艾·交互（交互内容制作及新媒体快编技术服务）：湖南金鹰节/安徽国剧盛典交互等

图33 艾·内容（频道及节目品牌策划、视觉包装）：广东卫视/湖南卫视等频道节目包装制作

珠海虎江科技有限公司

1. 公司简介

珠海虎江科技有限公司于 2019 年在珠海横琴新区注册成立,是横琴招商引资的海外优质项目团队。该公司专注于高端医疗 VR 仿真系统的开发和应用研究。团队由来自法国以及中国内地、中国香港的 VR 专家和医学专家发起,目标为开发高端医学 VR 仿真系统,利用科技手段结合 5G 通信技术改变传统医疗领域培训及治疗方式,为医务工作者的能力提升做出贡献,为医疗科技创新而努力。

2. 典型产品

SIMDTC 医学技能培训中心。

SIMDTC 是该公司研发的医学技能培训中心,该中心使用的技术载体为 VR 技术 +5G 技术 + 人工智能技术,医学技能覆盖全科、急救重症、护理、外科、麻醉、骨科、口腔、妇产科等。VR 高仿真,沉浸感强,使培训效率高,操作性强,能模拟不同复杂场景,通过碎片化高频次的练习解决医疗行业培训安全性、成本高的痛点。即时反馈的算法解放导师时间,该公司打造的 AI 智能系统使用户可进行个性化自适应学习,量化学习效果并为用户量身打造进阶培训内容。项目/产品图如图 34 所示。

图 34 项目/产品图

上海返景科技有限公司

1. 公司简介

上海返景科技有限公司成立于 2019 年 6 月，致力于 AR 技术开发、AR 软硬件综合方案开发，该公司秉承开放心态与行业伙伴共赢，为客户提供可落地的 AR 整体解决方案。该公司拥有自有品牌"返影"系列 AR 眼镜、"返影"数字识别解决方案，并拥有一批软著（计算机软件代码著作权）和新型实用专利。返景科技利用自身的技术优势以及强大的研发能力，为银行、教育、工业、医疗、警用安防等领域客户提供 AR 解决方案。

2. 典型产品

返影 BK-200 AR 眼镜。

BK-200 AR 眼镜采用先进的光波导显示技术，配备 800 万像素高分辨率广角摄像头，自动对焦，结合内置的 AI 算法，可实现人脸识别、物品识别、远程协助和通信、影音播放及信息提示等功能。预留自定义开发快捷按键，可实现一键拍照/拍摄/通信等功能。BK-200AR 眼镜，轻便、坚固、耐用，整机质量在 69~95 克（不同配置和型号质量略有差别），兼具良好的散热性和抗水性。支持第三方手势识别和语音识别等更多人机交互手段，给予佩戴者更大的自由和更好的佩戴体验。项目/产品图如图 35 所示。

图 35　项目/产品图

和易控股

1. 公司简介

和易控股成立于2013年，位于广州市天河区珠江新城，主要是集私募基金股权投资、企业上市辅导业务、供应链金融、保理融资业务于一体的综合金融平台。平台服务对象为珠三角有潜力上市或并购的中小企业，过往5年重点辅导服务的企业超过50家，该公司管理的直投基金、有限合伙基金数个，基金已有较高溢价。团队由券商、银行、会计师事务所等资深从业人员构成，包括保荐代表人、注册会计师、律师等。

2. 典型产品

该公司自成立以来便实施投资＋债权融资＋投行战略，主营业务有：

（1）投资业务。和易控股是私募基金管理人（P022147），通过设立私募股权基金和直投的方式投资于早期中小高新技术企业，活跃于一级市场，投资阶段涵盖A轮—PREIPO阶段，行业包括教育、新材料、智能制造、互联网、消费升级、生物饲料等。目前该公司管理多只私募股权基金，已投明星企业有创显科教、浩明科技、智特奇及数十家早期优质项目。

（2）供应链及保理融资服务。该公司拥有供应链金融、保理融资牌照，围绕公司投资及辅导的企业，提供债权融资资金及服务，为中小高新技术企业提供供应链融资、应收账款保理融资，解决核心企业在债权融资方面的难题。

（3）投行辅导业务。投行辅导业务指的是公司对投资标的提供以上市为目的的市场战略实施、财务、法律咨询、股权融资财务顾问等服务。投行业务属于该公司为标的企业提供的差异化增值服务，是该公司核心实力的集中体现。在过去5~6年的时间里，该公司积累了大量的业务经验，获得了标的企业的信赖，相应的，在股权募资中的一手交易信息，也可以让该公司的投资或投资基金在标的企业上市之前有能择机退出的可能性。